KB075118

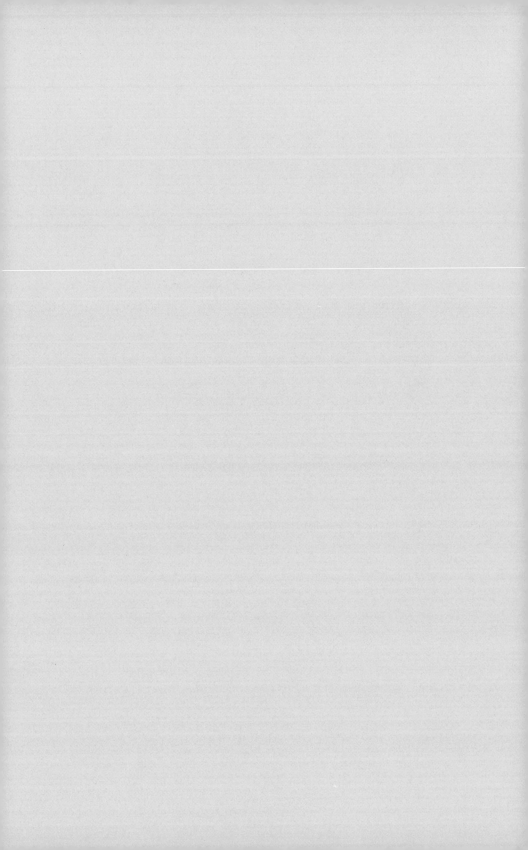

고객센터 관리자,

상담품질 실무에 빠지다

고객 서비스 역량 향상을 위한

고객센터 관리자,
상담품질 실무에 빠지다

초판 1쇄 인쇄일 2023년 10월 20일
초판 1쇄 발행일 2023년 10월 30일

지은이 박종태, 박은영, 송미경
펴낸이 양옥매
디자인 표지혜 송다희
교 정 김민정
마케팅 송용호

펴낸곳 도서출판 책과나무
출판등록 제2012-000376
주소 서울특별시 마포구 방울내로 79 이노빌딩 302호
대표전화 02.372.1537 **팩스** 02.372.1538
이메일 booknamu2007@naver.com
홈페이지 www.booknamu.com
ISBN 979-11-6752-362-4 (13320)

고객 서비스 역량 향상을 위한

고객센터
관리자,

상담품질
실무에 빠지다

한국씨에스경영아카데미 지음

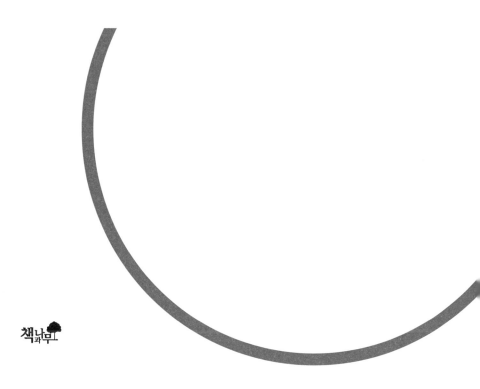

책과나무

들어가는 글

필자는 2012년에 『한국형 콜센터 상담품질 매니지먼트』라는 책을 집필한 경험이 있습니다. 고객센터 상담품질과 관련하여 변변한 지침서가 하나도 없던 시기에 조금이나마 도움이 되기를 바라는 심정으로 집필을 하였고, 당시에 좋은 반응을 얻은 것으로 기억됩니다.

그로부터 10여 년이 지난 지금, 고객센터는 과거와 달리 많은 변화를 거듭하고 있습니다. 4차 산업혁명은 다양한 측면에서 기존의 기술이나 서비스의 진보를 이루어 냈고 빅데이터, 인공지능(AI), 챗봇 등으로 대표되는 첨단 기술을 활용하여 고객 접점에서 이전에 경험하지 못했던 고객경험을 제공하고 있습니다.

전에는 전화를 통한 단일 채널이 중심이 되는 고객응대가 주를 이루었지만 이후에는 모바일의 확산과 더불어 채팅, 이메일, 팩스, SNS, 앱 등 커뮤니케이션 채널이 지속적으로 성장하게 되었고 이러한 양적 채널의 증가와 더불어 상호 채널 간의 연결성이 확보되면서 채널의 질적인 변화까지 이루게 되었습니다. 기술의 진보로 고객채널의 유기적인 통합과 고객서비스의 일관성이 확보되면서 분명 고객서비스의 질이 향상되었고, 고객센터 측면에서는 비효율적인 요소가 줄어들고 신속한 의사결정이 가능해졌습니다.

그럼에도 불구하고 여전히 고객센터 운영 및 관리 측면에 있어서는 고객센터 초기의 구태에서 벗어나지 못하고 있습니다. 여전히 사람들은 고객센터에서 일하는 것을 꺼리고 이로 인해 채용이 쉽지 않은 상황이 지속되고 있으며, 교육 및 훈련에 있어서도 MZ세대의 특성을 고려한 교육이 아닌 고비용, 긴 교육 시간이 소요되는 매뉴얼 중심의 교육이 주를 이루고 있습니다. 겨우 생계를 유지할 정도로 급여를 주면서 더 많은 희생을 강요하는 구조 또한 바뀌지 않고 있습니다. 이러한 열악한 환경에서 고객만족을 위해 다양한 활동을 해야 하는 고객센터는 감정노동의 온상이 되고 있습니다.

고객센터 운영에 있어 가장 핵심이 되는 3가지 도구인 스크립트, 모니터링, 코칭은 이전과 비교해서 변화가 더디고 정형화된 서비스를 고착화시키는 주요 요인으로 작용하고 있는 것이 사실입니다. 여전히 고객응대에 있어서 탄력적인 대응을 어렵게 하는 고객응대 스크립트, 아직까지 고객서비스와 관련한 본질보다는 음성연출을 강요하는 상담품질, 상황이나 상담직원의 특성을 고려하지 않고 막무가내로 이루어지는 코칭은 과거의 방식을 그대로 답습하고 있습니다.

특히 상담품질과 관련해서는 참으로 바뀌지 않고 있습니다. 30년이 지나면 그동안 비효율적이고 본질이 아니라고 생각하는 것들에 대해서는 계속적으로 개선이 이루어져야 하는데, 여전히 그러한 문제들은 개선되지 않은 채 더 많은 문제를 양산하며 왜곡된 상담품질 활동이 이루어지고 있습니다. 그 결과, 고객은 물론 상담직원도 만족하지 못하고 이러한 업무를 관리하는 QA도 만족하지 못하는 괴이한 형태의 상담품질 활동이 지속되고 있는 것이죠.

이러한 국내 고객센터 상담품질 현황을 목도하면서 고객센터에서 오래 근무한 경험자로서 상담품질에 대한 지침을 만들어야겠다는 생각을 하게 되었습니다. 모든 상황에 맞는 지침이라고 하기에는 무리가 있겠지만, 적어도 고객센터 상담품질 업무를 수행하는 분들에게 분명한 지침 정도는 필요하겠다는 생각에 집필을 하게 된 것입니다. 그간의 경험을 토대로 어떠한 방향성을 가지고 상담품질을 관리해야 하는지 그리고 체계적인 상담품질관리를 위해 개선되어야 할 점과 구체적인 대안을 제시하고자 노력하였습니다.

책은 총 2권으로 구성되어 있으며『긍정적인 고객경험 제공을 위한 고객센터 상담품질 이렇게 관리하라』에서는 고객서비스 트렌드 및 고객경험관리를 집중적으로 다루고, 실무편인『고객센터 관리자, 상담품질 실무에 빠지다』에서는 고객상담품질의 문제점과 이를 개선하기 위한 방안을 제시합니다. 예를 들어 모니터링 평가항목은 어떻게 구성해야 하는지, 평가표 작성 절차를 구체적인 사례를 들어 설명하였습니다.

또한 실시간 모니터링 평가가 필요한 이유와 함께 평가 스킬을 향상시키는 방법은 물론 상담품질 개선을 위한 실행력을 높이는 방안을 제시하였습니다. 최근 전화로 통화하는 것을 두려워하는 콜 포비아(Call phobia)들이 늘어나면서 채팅이 증가하는 트렌드를 반영하여 채팅상담 및 운영관리는 물론 채팅상담 시 주요 평가항목 및 모니터링 평가 방법을 다루었습니다.

이외에도 상담품질 관리자인 QA가 현장에서 겪을 수 있는 다양한 상황이나 이슈와 관련한 해결지침을 제공하였습니다. 그리고 고객센터 상담품질과 관련하여 그동안 중요하다고 여겨졌던 음성연출의 허

상과 음성연출을 포기하지 못하는 이유를 심도 있게 다루었습니다. 이와 함께 이번 책에서는 음성연출의 주범은 누구이고 이렇게 문제가 많은 음성연출을 개선시키기 위한 구체적인 대안을 제시합니다.

또한 상담품질을 관리하는 데 있어 핵심이라고 할 수 있는 데이터 분석방법은 물론 실적부진자 관리방법과 함께 고객센터 상담품질 보고서를 제대로 작성하는 법 등 고객센터 상담센터 업무를 수행하는 데 있어 직접적인 도움을 주는 실무 지식과 정보를 다루고 있습니다.

이번에 집필한 책들로 인해 어느덧 30권의 책을 집필한 저자가 되었습니다. 매년 목표를 잡고 1~2권의 책은 꾸준하게 집필하자고 마음먹은 것을 실천으로 옮긴 결과입니다. 2011년에 독립을 한 후 벌써 12년이 지났는데, 그동안 정말 많은 분들의 도움 덕에 꾸준히 성장해 올 수 있었다고 생각합니다.

먼저 내 인생에 있어서 선한 영향력을 주신 영원한 멘토 백선자 대표님과 이원희 교수님, 장정빈 소장님, 박춘신 대표님, 송미애 원장님, 박진희 대표님 등 소중한 분들에게 감사를 드립니다. 이번에 책을 공동 집필하는 과정에서 성실한 태도와 삶에 대한 열정을 보여 준 박은영 대표님, 송미경 강사님에게도 감사함을 전합니다. 끝으로 항상 나를 위해 걱정해 주시는 어머니와 아내 정성희 그리고 내게는 정말 소중한 지상이, 지한이, 막내딸 서정이에게도 무한한 감사와 사랑을 전합니다.

2023년 10월
박종태

차례

CHAPTER 3 상담품질관리를 위한
데이터 분석 및 피드백하는 법

CHAPTER 4 무엇이든 물어보세요
_QA가 현장에서 겪는 다양한 상황과 해결지침

1인칭 고객센터 상담직원 시점

QA평가 및 코칭에 대한 불만의 소리들

01

주관적이고
모호한 QA평가 기준

QA평가 기준이 변경되었다고 하면서 감점 항목에 '미소 부족'이라는 멘트가 계속 달려요. 그러면서 고객의 하소연에는 호응을 하라니 이건 웃으면서 위로를 하라는 거냐고요. 아니, 미소 부족이라는 거 어떻게 평가해요? 이거 한참 선 넘은 거잖아요. 전에 다니던 콜센터에서는 상담에 미소가 부족하다는 멘트를 달아 주고는 거울 보면서 스마일 미소 짓는 연습을 하라고 하더라고요. 평가기준이나 제대로 마련하고 연습하라고 하든지.

QA평가 기준도 없고 QA도 없다 보니 처음에는 좋았는데, 민원 터져도 뭐라고 하는 사람도 없고 아무 생각 없이 막상담, 오상담이 이루어지고 나면 뒤에 걸리는 상담원은 거의 죽음이죠. QA평가기준이나 QA가 없다 보니 이력도 잘 남기지 않고 엉망으로 상담하다 보니 잘못 걸리면 그날 망치죠. 완전히 폭탄 돌리기….

 고객을 응대할 때 적당히 친절하면 형식적 또는 사무적이라고 지적하고, 좀 더 친절하게 하면 고객의 말을 끊지도 않고 다 들어 줘서 콜타임 늘어난다고 거품 무는 QA 때문에 돌아 버려요. 게다가 제발 적당히 자르라고 해서 적당히 자르면 말 겹침, 말 자름에 문제 있다고 뭐라고 하는 미친 QA 때문에 멘탈이 탈탈 털리고 있습니다. 정신병 도진 것 같아서 심리치료 받아야 할 듯….

 고객응대 시 너무 잦은 호응이 발생하고 있으니 적절한 호응이 될 수 있도록 하래요. 호응 안 해도 지적하고, 해도 뭐라고 지적을 해요. 지난번에는 피드백에 맞춰서 호응을 했더니 습관적인 호응이라고 하더라고요. 도대체 어떤 기준에 맞춰야 하는 거죠? 또 호응은 했는데 감정이 실리지 않았다고 하면서 미소가 부족하다고 피드백을 주더라고요. 그러면서 고객이 아프다는데 감정 실린 호응과 미소를 함께 요구하는 미친 QA를 대체 어떻게 해야 하나요?

모니터링하는 것은 이해가 가는데 말도 안 되는 피드백이 오면 완전 짜증나죠. 미소 부족이라는 것은 도대체 어떤 근거와 기준으로 평가를 하는지 모르겠다니까요? 미소 부족이라는 것 자체가 주관적인데 이런 걸 평가하면 어떻게 하겠다는 것인지….

도대체 QA기준은 누가 만드는 거냐고요! 복명복창을 하라고 하는데, 왜 하는지 모르겠어요. 콜타임만 잡아먹는데…. 합당한 근거나 기준을 제시하면 좋겠는데 아마 그러면 표정 바꿔먼서 잡아먹을 듯….

제가 다니고 있는 고객센터에서는 상담 중 웃지 말라고 하던데요? 웃으면 웃는다고 뭐라 할 것 같아요. 자기네들이 받아 보든지….

02

워스트 콜만 찾아내서
평가하는 데 대한 불만

 　　제가 다니던 고객센터에서는 모니터링 평가를 할 QA를 상담직원이 직접 뽑게 했어요. 내가 받은 상담콜 중 베스트 콜과 워스트 콜을 선택해서 매달 제출해야 하는데, 기껏 제출하면 다른 거 찾아서 내라고 반려하고…. 차라리 이럴 거면 자기들이 직접 뽑아서 모니터링 평가를 하든지…. 콜 응대하랴 녹취 들으랴, 도대체 뭐 하는 짓거리인지 모르겠더라고요. 다시 생각해도 화가 나요.

 　　고객센터에서 근무하면서 가끔 놀라는 것이, 고객응대 과정에서 '아! 이 콜은 모니터링 평가하면 폭망이다.'라고 생각하는 콜들이 있잖아요? 그런데 웃긴 건 QA들은 어떻게 알고 그렇게 망한 콜만 골라잡아 내는지 참 놀랍습니다. 우스갯소리로 QA들 정말 귀신 들린 거 아니냐고 하기도 합니다. 진짜 촉이 있다고 느끼는 게 잘한 콜도 많고 2천 콜 넘는 콜 중에 어떻게 그런 콜만 쏙쏙 찾아내서 평가를 하는지 모르겠어요.

 평소에 모니터링 평가점수가 잘 나오는 편인데 이번 달 처음으로 86점을 받았어요. 모니터링 평가비중이 35%나 차지하기 때문에 엄청 중요한데 말이죠. 고객센터 평균이 95~96점이나 완전 폭망 수준입니다. 콜 수는 1위를 달리고 있는데 그동안 모니터링 점수 쌓아 둔 것이 와르르 무너지는 순간입니다. 사실 모니터링 평가 대상 콜이 딱 인입되었을 때 상담이력이 너무 지저분해서 딱 진상고객인 것 같다는 느낌이 들어 빨리 상담 끝내려고 업무 기준대로 하지 않고 고객 요청대로 빨리 처리해 준 것이었거든요. 인바운드(IN-B) 업무인데 2분도 안 되어서 업무 처리했으면 정말 빨리 끝냈죠. 그때 속으로 'QA가 이걸 들었으면 정말 폭망이다.'라고 생각했는데 하필 그 콜이 걸려 망한 거죠. 제 잘못이긴 한데 평가하는 QA도 밉고 일하기 싫고 너무 우울해요.

03

악성민원,
업무 개선 대신 QA평가를?

고객이 전화해서 해결되지도 않을 민원을 제기하면서 악담을 쏟아 내는데 그걸 평가하고 있는 QA를 보니 그냥 웃음밖에 나오질 않네요. 해결 방법이 없어 그냥 듣고만 있는데, 호응도 안 하고 문제를 해결하려는 의지가 없다는 등…. 정말 생각은 있는지 모르겠어요. 그럴 시간에 민원이 발생하는 원인 파악 후 개선이나 할 것이지. 진상을 떠는 고객보다 QA 때문에 더 미쳐요.

고객 업무 프로세스가 엉망이고 구리다 보니, 다들 고객센터로 전화해서 답도 없는 하소연에 늘어놓고 의도대로 되지 않으면 진상을 떠는 고객을 응대하다 보면 멘탈이 탈수기처럼 털려요. 상담직원에게 진상 피우지 말고 깔끔하게 민원접

수해 달라고 하는데, 처리가 빠른데 왜 직원에게 난리를 부리는지 이해가 안 돼요. 상황이 이런데도 상담직원 말꼬리 물고 QA평가를 하는 것을 보면 웃기죠. '그 시간에 차라리 업무나 개선하지.' 싶은 생각이 들어요.

 재수 없게 첫 콜에 클레임이 걸리는 날이 있는데, 그날은 희한하게 계속해서 클레임 전화만 계속 받는 것 같아요. 그러면 콜 수 폭망하고 QA점수도 엉망이 되어 버리죠. 불만 가진 고객이 친절하다고 평가할 리 만무하고…. 그런데 클레임 콜을 제가 받고 싶어서 받는 것이 아닌데 이것을 평가하는 것은 너무 부당하다고 생각합니다. 이의 제기하면 "너만 그런 것이 아닌데 유난스럽네!"라는 말이 돌아오죠.

04

QA평가와
인센티브 연동 논란

 고객센터에서 근무하면서 가장 이해되지 않는 것이 상담품질 점수를 인센티브와 연동시킨다는 거예요. 죽어라 노력해서 실적을 올려놓고 인센티브를 기대했는데 상담품질 점수가 85점 이하라고 인센티브를 10%를 제하고 지급한다고 하더라고요. 그 말을 듣는 순간 피가 꺼꾸로 솟는 줄 알았다니까요. 이거 고용노동청에 신고해야 하는 거 아닌가요? 아무리 QA점수를 유지하기 위한 방편이라고는 하지만 제가 노력해서 번 돈을 일정 점수에 미치지 않는다고 깎는 것은 부당하다고 생각합니다.

예전에 카드사 고객센터에서 근무했는데 매달 시험을 보더라고요. 뭐 오상담 또는 오안내를 막기 위해서 시험을 보는 것은 이해하는데, 시험 치기 전에 꼭 모의고사를 봐요. 아니 무슨 학교도 아니고 모의고사를 보냐고요. 더 웃긴 건 모의고사 점수가 70점 미만이면 1시간을 남아서 교육을 받은 후 다시 시험을 봐요. 그래서 70점 미달이면 70점 이상이 넘을 때까지 재시험을 봐야 했어요. 70점 이상이 넘지 않으면 재시험은 물론이고 콜 수나 QA점수 등 실적이 좋다고 하더라도 인센티브는 아예 지급하지 않는다고 하더라고요. 대체 어느 시대인데 아직까지 이런 회사가 있다는 사실이 놀랍지 않나요?

팀장이 불러서 잠시 얘기를 나누었는데 목소리에 힘이 없고 자신감이 없다고 하시는 거예요. 제가 기가 좀 죽어 좀처럼 밝은 목소리가 딱히 안 나오더라고요. 목소리부터 시작해 오안내 얘기도 나오고 상담하는 데 대기시간도 길다고 하고…. 여러 칸이 보이기는 하는데 어느 부분인지는 정확히 모르겠지만 빨간색 글씨로 하( )라고 쓰여 있는 것이 보이더라고요. 말에 살을 더 붙이라고 하는데 어떻게 해야 할지 잘 모르겠고 QA평가를 해도 인센티브가 어차피 3개월 동안 없어서 어쩌면 계약 종료될 수 있다고 합니다. 나름 걱정해 주시는데 한숨만 나와요. 눈치까지 보이니까 30분가량 주어지는 휴식시간도 제대로 쉬지 못하고 있어요.

05

상담품질 점수 감점 요인에 대한
불만

 상담 도중 키보드 소리가 나서 QA 감점을 당했어요.
제가 세게 치는 것도 아니고 키보드가 워낙 질이 낮아
어쩔 수 없이 소리 줄이려고 꾹꾹 누르면서 쓰고 있는데
요. 게다가 개인 키보드도 아니고 회사에서 지급한 키보드로 고객응대를
하고 있는데…. 키보드 소리 방지용 커버를 주지도 않고 소리 난다고 지적
을 하네요. 이제는 무슨 공인기관에서 아예 항목을 만들어서 감점한다는
얘기까지 돌고 있습니다.

   ㄴ 안 그래도 스트레스받아 죽겠는데 키보드로 살살 치라는 건가요?

   ㄴ 키보드 소리 나면 직원이 경청한다고 생각해 전 회사에서 플러스
      점수와 코멘트까지 받았어요. 그래서 세게 치려 하는데 손이 아파
      서 못 그랬던 기억이 있는데 거기 QA하는 사람 웃기네요!

└ 듣다 듣다 키보드 소리로 감점을 한다고? 정말 신박하네요.

└ 회사에서 지급하는 키보드인데 차감은 진짜 황당하네요. 진짜 처음 들어 봅니다. 세상에나···.

매달 모니터링 평가 점수가 나오면 가슴이 벌렁벌렁합니다. 신경 써서 응대를 해도 잘 고쳐지지 않더라고요. 처음이라서 아직 콜 받을 때마다 후들거리고 모니터링 신경 쓰다 보면 콜을 잘 받지 못하겠고 매번 사물 존칭 사용, 다나까체 미사용으로 감점이 많이 되는데요. 매달 감점되다 보니 고객응대를 할 때 잘못 말했다 싶으면 정정해 보겠다고 했던 말을 반복했는데, 그러면 콜 진행이 매끄럽지 않다고 감점이나 당하고 있어요. 사물 존칭이나 다나까체를 고칠 수 있는 방법이 있으면 알려 주세요.

└ 저의 경우 스크립트에 다나까체를 쓰는 부분과 요조체를 사용할 부분을 정해 놓고 응대를 합니다. 스크립트상에서 구획을 나눠 두면 익숙해지기 전만 잠시 혼란이 있고 대부분 고쳐지더라고요.

└ 전 QA담당자에게 QA 1등 하는 분의 여러 형태의 콜을 들려 달라고 요청해서 듣고 노력했어요.

└ 초반에 길 안 들이면 바로잡기 어렵더라고요. 요즘 요조체 없애는 것이 추세라 습관을 만들어 가야 합니다. 처음에는 느리더라도 천천히 정확하게 시작해서 습관을 들여 빠르게 말하는 연습을 하세요.

06

QA평가나 시험 없는 곳을 찾게 만드는 고객센터 체계

 신입인데 교육기간도 짧고 교육자료는 외부 반출도 어려운 상태에서 아무리 교육을 잘 들어도 응대하기가 어렵더라고요. 결국 관리자에게 물어보는 것이 최선인 것 같아 질문을 했더니 짜증내고 일 못한다고 윽박지르고…. 몇 번씩 알려 줘도 계속 묻는다면 이해하겠는데, 처음 질문부터 이러한 대접을 받고 나니 나 자신도 모르게 주눅이 들기도 하고 연신 죄송하다는 말을 했습니다. 하지만 이렇게 소리를 지르고 무안을 주면서 땍땍거리면 감정 상하고 왜 나한테만 이러나 싶은 것이 당연하지 않겠어요? 근태가 나쁘거나 업무를 익히려는 의지나 태도에 문제가 있거나 QA점수가 나쁘다면 내보내는 것이 맞겠지만, 좀 버텨 보려는 사람을 이런 식으로 나가게 만들고 퇴사를 종용하거나 유도하려는 것은 이해가 되질 않습니다.

QA평가나 시험 없는 콜센터 있나요?

ㄴ 시험은 몰라도 QA평가 없는 콜센터는 없어요.

ㄴ 운 좋게 시험이 없는 콜센터만 다녔어요.

ㄴ 요즘 평가는 하지 않는 추세이고 상담한 내역에 대한 평가를 주로 정해서 실적 반영하더라고요.

ㄴ 이번에 이직했는데 둘 다 하지 않아요. 일이 힘들진 않은데 일이 많고 인센티브가 없어요.

ㄴ 시험은 어느 순간부터 포기한 1인입니다. 시험점수 좋으면 인센티브 준다는데 쥐꼬리이고, 무엇보다 업무 종료 후에 하기 때문에 대충 찍고 나옵니다.

※ 위의 내용은 네이버 카페 '한국서비스포럼', 'TM Job'과 다음 카페 'QAA의 쉼터' 회원의 이야기를 인용 또는 각색하였음을 알려드립니다.

CHAPTER 2

고객 커뮤니케이션과
음성연출

01

고객응대 시 말하는 내용보다
음성이 더 중요하다고!
누가 그랬는데? (Feat. 메라비언)

고객센터에 전화를 건 고객이 진정으로 원하는 것은 무엇일까요? 그것이 고객만족 차원이든 긍정적인 고객경험 차원이든 간에 어떤 분들은 친절하고 정감 있는 목소리라고 할 수도 있고, 어떤 분들은 정확한 지식이나 정보를 제공하는 것이라고 할 수도 있으며, 또 문제가 발생했을 때 빠른 문제 해결이라고도 할 수 있을 것입니다.

모두 틀린 말은 아닙니다만 고객을 응대할 때 진정으로 중요한 것에는 우선순위가 있으며 이러한 우선순위에 맞춰 고객만족 활동을 해야 제대로 된 결과가 나오지 않을까요? 이번에는 국내 고객센터에서 고객만족과 관련하여 잘못 알고 있거나 제대로 인식하지 못해 엉뚱한 자원을 낭비하게 하는 대표적인 사실을 바로잡으려는 목적으로 구체적인 사실에 근거하여 알아보고자 합니다.

고객센터나 CS부서에서 근무하신 분들이라면 한 번쯤 '메라비언의 법칙'에 대해서 들어 보셨을 것입니다. 우리 주변에 CS강사들이나 관리자들은 있지도 않은 메라비언의 법칙을 내세워 목소리(음성)의 중요성을 앵무새처럼 떠들어 대며 강조하는 경우가 많습니다. 이러한 그들의 생각이나 주장이 과연 옳은 것인가에 대해 살펴보고자 합니다.

고객을 응대할 때 전달하는 내용보다 목소리 및 억양, 어조 등 청각적인 요소가 더 중요하다고 말하는 이들이 있습니다. 이들은 고객응대 시 고객의 느낌을 결정짓는 요소를 분석해 보았을 때 전달 내용은 14% 정도이고 나머지 86%는 음성표현이 차지한다고 주장합니다. 한술 더 떠 커뮤니케이션을 하는 데 있어서 비언어적인 요소가 차지하는 비율이 무려 93%나 된다는 사실과 특히 전화로만 상담할 때 목소리의 중요성은 82%를 차지하며 말하는 내용은 겨우 7%만 차지한다는 그럴듯한 주장을 펼치기도 합니다.

그렇지만 일부 전문가라고 하는 사람들의 왜곡된 주장과 이를 아무런 비판 없이 현장에 있는 사람들에게 말로 또는 글로 잘못된 지식과 정보를 퍼 나르는 CS강사들로 인해 얼마나 많은 사람들이 고통받고 있는지 생각해 봐야 합니다. 먼저 비언어적인 요소가 중요하다고 하는 근거 중 하나가 바로 위에서 언급한 '메라비언의 법칙'입니다. 어떤 사람이 상대방으로부터 받는 이미지나 느낌은 시각적 요소와 청각적 요소가 각각 55%와 38%이고 말의 내용은 불과 7%에 불과하다는 것이 핵심 내용입니다.

그런데 정말 메라비언 교수는 위와 같은 주장이나 법칙을 만들었을까요? 흔히 전문가라고 하는 사람들은 메라비언의 법칙에 의거해서 목소리의 중요성을 강조하고 있으며 메라비언의 실험 결과에 대한 구체적인 전제 조건이나 연구의 한계점에 대해서는 잘 모르면서 단순하게 비언어적 표현의 중요성만 강조하는 것이 대부분입니다.

우리가 기존에 알고 있는 내용과는 달리 메라비언의 연구는 여러 가지 문제점을 안고 있습니다. 먼저 녹음된 단어로만 실험했고 실물이 아닌 인물 사진만을 가지고 실험을 진행했으며, 다른 유형의 보디랭귀지(제스처 등)는 포함되지 않았다는 점, 그리고 두 가지 유형(조건)을 적절치 않게 결합하여 수치가 도출되었다는 점입니다. 이러한 사실은 모른 채 일부 전문가들이 떠들어 댄 것을 CS강사들이 무비판적으로 인용하여 읊어 대고 있는 것입니다. 이들의 잘못된 정보를 접하고 고객센터에서는 음성연출이 중요하다는 말 같지도 않은 논리를 무비판적으로 수용한 결과, 현장에서 상담직원들이 고통받고 있는 것입니다.

말의 내용보다는 말하는 태도가 중요하다고 생각하는 분들이 주장하는 것에 대해서 반 앞서 설명했듯 메라비언의 법칙은 의사소통에 있어 언어적 요소, 즉 말의 내용은 7%의 중요성을 갖고, 비언어적 요소(청각, 시각)[1]가 93%의 중요성을 갖는다는 이론입니다. 이 이론을 근거로 의사소통을 하는 데 있어 말은 중요치 않고 오히려 비언어적인 요소가 중요하므로 이를 중점에 두고 훈련해야 한다는 논리와 주장을 펴는 것입니다. 그런데 메라비언 교수가 저술한 『비언어적 의사소통(Nonverbal communication)』에서 적어도 '법칙'이라는 말을 꺼낸 적 없는 데다 일반 사람들이 알고 있는 메라비언의 법칙과 메라비언

---

1 메라비언 교수에 의하면 시각 이미지는 자세, 용모와 복장, 제스처 등 외적으로 보이는 부분을 의미하며 청각은 목소리의 톤이나 음색과 같은 언어의 품질을 의미함.

교수의 생각에는 많은 차이가 있습니다.

메라비언 교수의 주장은 일상적인 커뮤니케이션이 아니라 커뮤니케이션하는 과정에서 맥락이 모순되었을 경우나 말의 내용과 태도가 일치하지 않는 모호한 상황에서는 비언어적 요소가 중요성을 갖는다는 것입니다. 예를 들어 몹시 지쳐 보이는 친구에게 현재 기분이나 상태를 묻는데 그 친구가 "괜찮아."라고 얘기한다면 실제 괜찮은 것인지에 대한 사실은 언어적 표현보다는 오히려 그 친구의 목소리나 얼굴 표정과 같은 비언어적인 요소의 영향이 크다는 것이죠.

이와 함께 중요한 것은 메라비언 교수조차도 커뮤니케이션하는 과정이나 상황 속에서 비언어적 요소가 언어적 요소보다 매우 중요하다는 주장을 한 적이 없다는 사실입니다. 당시 실험 환경은 실험 참가자들에게 'maybe'라는 애매모호한 단어를 여러 음성 톤으로 듣게 한 뒤 다양한 표정의 사진을 보여 줬을 때 'maybe'라는 단어가 긍정적인지, 부정적인지 아니면 중립적인지를 응답하게 하였습니다. 즉, 말의 내용이 중요하지 않은 상황을 의도적으로 연출하였기 때문에 언어적 요소보다는 비언어적 요소의 영향이 클 수밖에 없었던 것이었죠.

또한 해당 실험을 할 당시에 얼굴 사진만 사용하였기에 제스처, 자세, 동작 등과 같은 전체 모습을 대상으로 하지 않았다는 사실입니다. 따라서 사진에 나오는 얼굴 표정만을 가지고 실험을 진행했으므로 제스처나 자세, 동작도 같은 비언어적인 요소들이라고 하는 것은 잘못된 것입니다.

그렇다면 우리가 살아가면서 말의 내용과 태도의 불일치를 겪는 상황이 얼마나 될까요? 특히 전화를 통해 고객응대를 하는 과정에서 말의 내용과 태도가 불일치하는 조건이나 상황이 얼마나 될까요? 말의 내용과 태도의 불일치가 존재하는 상황에서만 적용되는 이론을 세상의 모든 커뮤니케이션에 적용하는 것 자체가 잘못된 전제라는 사실을 인지하여야 합니다. 따라서 고객센터에서도 말의 내용보다 음성이 더 중요하다고 하는 것도 잘못된 전제라는 사실을 알고 상담품질에 대한 사고의 전환이나 개선 및 보완이 필요합니다.

필자가 주장하고 싶은 것은 고객응대 과정에서 중요한 것은 음성이나 억양이 아니라 진지하고 진정성 있는 설명이나 대화, 문제를 해결하려는 의지라는 것입니다. 이렇게 말이나 내용이 중요하다고 해서 음성이나 톤 또는 억양은 영향력이 없으니 무시하라는 말이 아닙니다. 가장 중요한 것은 커뮤니케이션의 본질에 집중하는 것이고, 그것은 진정성에 기반을 둔 정확하고 진솔한 설명이나 자세라는 것입니다.

만약 고객 가입을 유도하거나 해지 방어를 하는 고객센터라면 말의 내용, 전달하고자 하는 핵심이 무엇인지를 먼저 생각해 보고 이를 제대로 전달하기 위해 노력해야 하며 여기에 덧붙여 목소리나 어조를 반영하는 것이 현명하다고 생각합니다. 목소리 또한 정형화된 어조나 톤, 속도가 아니라 대상 고객에 따라 다르게 응대해야 한다는 점입니다. 예를 들어 고객응대 시 대상 고객에 따라 너무 밝거나 맑은 목소리는 오히려 고객에게 부정적인 느낌을 줄 수도 있고, 반대로 차분하거나 낮은 목소리가 고객의 신뢰를 줄 수 있습니다. 이를 무조건 정형화된 음성이나 태도를 유지하게 하고 평가하는 것은 잘못된 접근이라는 점을 다시 한 번 기억하시기 바랍니다.

02

상담직원은 아나운서가 아니다!
음성연출을 평가항목에서 배제해야 하는 이유

필자는 서두에서 '고객센터 모니터링 평가항목에서 음성연출을 배제하거나 항목을 축소해야 한다'고 몇 차례 설명했습니다. 주관적인 평가가 개입될 가능성이 크고 음성연출이 고객응대 또는 상담품질의 궁극적인 목표나 본질이 아니라는 점과 오히려 상담직원의 에너지를 갉아먹는 평가요소이기 때문입니다. 또한 음성연출이 아무리 훌륭하고 그로 인해 친절한 느낌을 준다고 해도 고객이 원하는 것이 제대로 처리되지 않으면 고객만족이나 긍정적인 고객경험이 제공될 수 없다는 사실은 절대로 변하지 않습니다. 그럼에도 불구하고 여전히 음성연출에 목숨을 거는 고객센터를 보면 한숨이 절로 나옵니다.

메라비언의 연구를 근거로 고객센터에서는 음성연출이 고객만족이나 긍정적인 고객경험에 있어서 아주 중요한 요소라는 논리를 펴며 고객을 응대할 때 음성연출을 포기하지 않습니다. 또한 어떤 전문가는 목소리에 상담직원의 자세나 태도(Attitude)를 담아야 한다는 말을 하는데, 일면 이해는 가지만 객관적인 평가기준도 없이 주관적인 요소를 평가에 반영한다는 것 자체가 비합리적인 일이라고 생각합니다.

도대체 어떤 자료에서 그렇게 주장을 했는지는 모르지만 고객의 느낌을 결정짓는 요소라는 전제 중 이미 '고객의 느낌'이라는 것 자체가 주관적인 요소라는 사실을 알고 그러한 말을 하는지 궁금합니다. 사람마다 만족요소가 서로 다를 뿐 아니라 고객센터에서 고객을 만족시키는 요소는 '음성연출'에 의한 것만이 아니라 오히려 다른 요소들이 만족도를 높이는 것으로 나타납니다. 예를 들어 접근성이나 고객의 불필요한 노력을 줄이거나 일관된 서비스 제공, 빠른 문제 해결 및 신속한 정보 제공, 신속한 응대가 중요한 요소이죠.

만약 음성연출이라는 영역에 문제가 있다면 이는 기본적으로 교육이나 훈련을 통해 또는 채용할 때부터 음성연출이 훌륭한 직원을 선발해야 하는 것이 아닐까라는 생각이 듭니다. 고객센터 직원들 입장에서는 감정노동에 시달리며 응대하는 업무 자체도 힘든데 여기에 작위적이고 주관적인 느낌의 음성연출까지 더해지면서 감정노동을 더욱 고착화시키는 것은 아닌지 생각해 봐야 합니다.

고객센터에 전화를 하는 고객은 단순한 문의를 위해 전화하는 것도 있겠지만 대부분 긍정적인 느낌보다는 화가 나 있거나 뭔가 불편하거나 또는 불만이 있는 부정적인 감정 상태에서 전화를 하는 경우가 대부분일 것입니다. 이러한 상황에서 고객센터의 상담직원과 연결되어 통화하는 과정에서 오히려 기대가 감소하거나 감정이 떨어지는 경우가 있습니다.

　이때 고객의 기대나 감정을 저하시키는 요인은 상담직원에 의한 음성연출이 아닌 연결이 신속하게 되지 않아 겪게 되는 불편함이나 서비스 수준, 또는 기업의 정책이나 절차에 의해서 고객이 바라는 문제해결이 원활하지 않거나 원하는 답변을 제대로 받기 어려워 발생하는 경우가 대부분이라는 사실입니다.

　음성연출은 카노모델(Kano model) 중 매력적인 품질 요소(Attractive Quality Attribute)에 해당하는 것으로, 충족되면 고객에게 만족감을 줄지는 모르지만 충족되지 않는다고 하더라도 크게 불만족이 발생하지 않는 품질요소라고 할 수 있습니다. 음성연출이 훌륭하면 고객의 주관적인 느낌이 좋아질지는 모르지만 그렇지 않다고 해서 불만족이 발생할 가능성은 적다는 것입니다. 오히려 특정 정보, 제품이나 서비스 구매 또는 해지, 단순 질의, 불만 제기, 문제 해결 등 본질적인 부분이 해결되지 않는 상태에서 고객의 만족도는 크게 저하되죠.

　다음 표는 실제 국내 고객센터에서 평가하고 있는 음성연출 구성요소와 음성연출의 각 항목에 대한 주요 평가기준입니다. 어떤 생각이 드시나요? 평가항목을 보면서 과연 ‘미국이나 필리핀 또는 인도 및 서구 유럽 여러 나라 고객센터에서도 정말 이러한 평가표를 사용할까?’ 라는 생각이 드시지 않나요?

국내 고객센터 음성연출 구성 요소 및 주요 평가 기준

음성연출 구성요소	주요 평가 기준
목소리	- 미소가 담긴 밝고 경쾌한 목소리 - 목소리에 자신만의 색깔(Color) 살리기 - 부드러우면서 신뢰감을 주는 목소리
톤 (억양, 강세)	- 명랑하고 생동감이 느껴지는 억양 - 강조해야 하는 단어나 표현은 물론 상황에 따른 억양과 강세를 조절하기
발음	- 명확한 안내 및 빠르게 말을 하더라도 가능한 정확하게 발음하기 - 말끝을 흐리지 않고 명확하게 하기(정확하게 발음하기)
속도	- 지나치게 빠르거나 느리지 않은 속도로 말하기 - 강조해야 할 내용이나 중요한 내용은 천천히 안내하기 - 고객의 상황에 맞는 말 속도를 유지하면 응대하기
말투나 어감	- 어감에 친근함이나 미소 나타내기 - 사무적이고 기계적인 응대하지 않기 - 단조로운 음성이 아닌 풍부한 느낌이 들게 말하기 - 정중함이 느껴지는 어조 그리고 표현의 전문성이 느껴지게 말하기
자신감 있는 응대	- 자신감 있는 어조로 고객에게 응대하기

이 글을 쓰기 전에 필자는 목소리, 음성, 보이스 트레이닝(Voice Training)과 관련된 책과 논문을 여러 권 봤고 심지어는 아나운서 양성기관에 직접 전화해서 목소리와 관련한 평가를 진행하는지 여부를 물어보았습니다. 이외에도 직접 아나운서로 활동하고 있는 분들과 아나운서 지망생들을 대상으로 인터뷰를 통해 음성과 관련한 평가를 진행하는지 여부를 물어보았는데, 대부분 평가를 진행하고 있기는 하지만

이전에 이미 보이스 트레이닝을 3개월에서 6개월가량을 받은 뒤에 이루어지는 평가이므로 대부분 정형화된 아나운서 톤(Tone)이 나온다고 하였습니다.

그런데 이러한 과정을 거쳐 평가가 이루어져도 제대로 된 목소리를 내기 어려운 분들도 있다고 합니다. 필자가 얘기하고 싶은 것이 바로 이 지점입니다. 꾸준히 3개월 이상을 훈련해도 쉽지 않은 음성, 호흡, 리듬감, 전달력, 발성을 고객센터에 입사한 상담직원들을 대상으로 맛보기 정도의 교육을 시켜 놓고 평가를 하고, 그 결과가 나쁘면 인센티브와 연동시켜 그마저도 주지 않으려고 하는 것을 보면 도무지 이해되지 않습니다. 이렇게 죽지 않을 정도의 급여를 주면서 아나운서 수준에 버금가는 평가표를 만들어서 모니터링하는 것은 너무한 것 아닌가요?

실제 인터뷰를 한 아나운서 중에는 고객센터 평가표를 보고 언뜻 이해가 가지 않았다는 말을 하기도 하였습니다. 해당 아나운서는 "보이스 트레이닝만 해도 3개월 넘게 소요되며 얼마나 어렵고 까다로운데 이를 전문적인 아나운서 수준까지 맞추려고 하는지 이해가 가지 않았다."고 했습니다. 시중에 나와 있는 보이스 트레이닝 관련 서적이나 강사가 얼마나 많은지를 보면, 음성연출이 얼마나 어려운지를 알 수 있습니다. 많은 급여를 주지도 않고 3D 직업으로 각인되어 있는 고객센터 상담직원에게 너무 많은 요구를 하고 있는 것은 아닌지 곰곰이 생각해 봐야 할 문제입니다.

이러한 상황 속에서도 여전히 속도나 음성, 미소, 톤, 억양을 따지려면 차라리 아나운서를 채용하는 것이 낫습니다. 국내에서 흔히 고객센터 모니터링 전문가라고 하는 사람들을 보면 아직까지 음성연출의 중요성을 강조하는 사람들이 많습니다. 고객센터에서 평가자(QA)로 활동한 경력이 있는 사람들이 대부분입니다. 일부 전문가들 중에는 음성연출에 탁월한 스킬이나 역량을 가지고 있는 분들도 있지만, 대부분 음성연출에 필요한 스킬이나 구체적인 방법은 알려 주지도 않거나 정작 자신은 제대로 할 수도 없는 음성연출을 평가하는 등의 억지가 통하는 곳이 바로 고객센터이기도 합니다.

이와 함께 음성연출을 평가에서 배제해야 하는 이유를 정리하고자 합니다. 위에서도 언급하였다시피 음성연출 항목은 고객만족 또는 긍정적인 경험을 향상시키는 데 절대적인 요소가 아니라는 점입니다. 이에 대한 설명은 위에서 충분히 하였다고 생각합니다. 음성연출은 고객을 만족시키는 데 있어서 필수가 아니라 매력적인 품질요소 그 이상, 그 이하도 아니라는 점을 기억하시기 바랍니다.

다음으로 음성연출은 극히 주관적인 평가항목이라는 점입니다. 주관적이라는 사실만으로도 평가가 정확하게 이루어질 가능성이 그만큼 적다는 의미로 받아들이면 될 것 같습니다. 위에서 언급하였다시피 아나운서 경험이 많은 전문가들도 보이스 트레이닝이 쉽지 않으며 지속적인 훈련이 필요한데, 전문가들도 아닌 고객센터 평가자(QA)가 이러한 항목들을 평가한다는 것이 결코 쉽지 않을 것입니다.

또한 음성연출은 고객센터 상담직원의 고통을 더욱 가중시키는 평가항목이라는 점입니다. 아시다시피 고객센터에서 상담직원들이 하루 동안 응대하는 콜은 절대 적은 수치가 아닙니다. 고객센터의 콜손

실률(Shrinkage)[1]을 제외하고 순수 통화시간만 해도 평균 5시간 정도인데, 이 정도면 업무 강도가 약한 것이 절대 아닙니다. 그런데 이렇게 응대하는 콜 대부분이 감정노동을 유발한다는 것이 가장 큰 문제입니다. 이러한 상황에서 음성연출에 대한 평가는 감정노동을 더욱 고착화시키고 상담직원의 고통을 더 가중시키는 요인으로 작용합니다. 따라서 정말 상담직원을 아끼고 진정한 구성원으로 생각한다면, 음성연출과 같은 말도 안 되는 평가로 상담직원을 괴롭히지 않았으면 합니다.

이와 함께 MZ세대들이 고객임과 동시에 고객센터 상담직원으로 유입되고 있다는 사실입니다. 예전 고객센터에서는 말도 안 되는 평가를 해도 참고 넘어가지만, 지금은 자신들 스스로 납득이 되지 않을 경우 MZ세대들은 언제든지 고객센터를 떠날 준비를 하고 있으며 심지어는 이러한 부당한 평가나 활동에 대해서 노동부에 신고 및 진정 또는 투서, 탄원까지 하는 일이 심심치 않게 발생하고 있습니다. MZ세대 입장에서는 "왜 친절해야 해? 솔직히 문제만 빨리 해결해 주거나 지식이나 정보를 신속하게 제공해 주면 되는 거 아냐?"고 반문할 수도 있습니다.

그리고 MZ세대 고객의 경우, 좀 더 명확하고 구체적인 지식이나 정보 제공, 확실한 문제 해결 방법을 원할 것입니다. 이미 다른 채널

1　전문용어로는 보통 RSF(Rostered Staff Factor)라고 하며 일정 기간 동안 설정된 서비스 레벨 및 응답 시간 목표를 달성하기 위해 필요한 기본 인력 이상의 휴가, 교육, 이석, 작업 등을 고려한 현실적인 인력을 산정하게 하는 변수를 의미한다.

을 통해 다양한 지식이나 정보를 습득한 이들은 좀 더 높은 수준의 지식이나 정보 또는 문제 해결을 원할 텐데, 우리 고객센터는 엉뚱한 곳에 에너지나 자원을 낭비하고 있는 것은 아닌지 곰곰이 생각해 봐야 합니다. 따라서 객관적인 사실과 정보 또는 구체적인 증거를 제시하지 않으면 아예 움직이려고 하지 않는 세대들에게 이러한 말도 안 되는 항목들을 평가한다면 오히려 얻는 것보다는 잃는 것이 많다는 사실을 직시해야 합니다.

흔히 음성은 태도에서 나온다고 합니다. 일부 강사들의 주장이기도 하지만 필자도 이 부분에 대해서는 어느 정도 공감합니다. 다만 태도라는 것이 단순히 상담직원 개인의 노력으로만 개선되는 것일까요? 예를 들어, 고객의 문제를 해결해 주려는 태도나 자세는 단순히 음성연출을 열심히 한다고 해서 해결되는 일일까요? 또는 고객이 겪는 불편사항이나 문제를 해결하기 위해서 꼭 그러한 평가가 이루어져야 하며, 평가를 하면 고객이 안고 있는 문제가 해결될까요?

이러한 의문이 해결되기 위해서는 지식이나 정보의 제공 또는 문제 해결은 이미 조직에서 명확한 답이나 지침 또는 규정을 가지고 다루어져야 할 문제이지, 상담직원이 해결할 문제는 아니라는 사실입니다. 조직의 규정이나 지침이 명확하면 이렇게 편협한 음성연출을 평가하지 않아도 이미 고객은 충분히 만족할 수 있다는 사실을 기억하시기 바랍니다.

03

음성연출을 포기하지 못하는 이유와
음성연출의 주범들

　음성연출은 평가항목이 아닌 교육과 훈련을 통해서 개선해야 하는
항목입니다. 그럼에도 불구하고 국내 고객센터에서는 여전히 음성연
출에 목숨을 거는 곳이 많은데, 대체 왜 이러한 일들이 발생할까요?
다양한 이유가 있겠지만 필자는 음성연출을 고착화시키는 주범들은
누구인지 구체적으로 설명드리도록 하겠습니다.

　음성연출을 고집하는 이유가 몇몇 평가자(QA)의 잘못된 판단에 기
인한다고 생각하시는 분들도 있겠지만, 음성연출이라는 작위적이고
주관적인 평가항목을 버리지 못하게 하는 주범은 따로 있습니다. 바
로 음성연출이라는 항목을 만들어 이를 평가함으로써 고객센터의 우
수함을 증명해 내라고 줄기차게 주장해 온 평가업체들이라고 할 수
있습니다.

　예를 들어 고객이 느낀 서비스품질을 지수화한다는 서비스품질 평
가기관들이 대표적입니다. 물론 이들 기관의 지수는 고객센터 서비스

품질평가를 대표하는 가장 객관적이며 실증적인 데이터가 전무했던 국내 고객센터에 서비스 표준을 제시함과 동시에 품질에 영향을 미치는 요소를 발굴하고 평가하는 등의 기여한 부분도 분명 있습니다. 반면 고객센터 서비스 품질을 획일화하고 평가 세부기준을 제시하지 못하거나 평가 결과에 따라 '우수' 또는 '우수하지 않은' 고객센터로 낙인을 찍는 등의 문제를 양산하기도 하였습니다.

서로 정도의 차이가 있기는 하지만 고객센터마다 콜이 집중되는 특정 시간 또는 요일 등을 고려하여 각 조사원이 한 업체당 요일(월~금), 시간(오전·점심·오후)을 균등 배분해 100콜을 평가하거나 미스터리 평가콜은 물론 이용 고객 평가를 병행하여 고객센터의 품질지수를 평가하고 매년 1회 조사 결과를 발표하고 있습니다. 그런데 문제는 서비스 지수를 평가하는 데 음성연출을 고객만족의 필수요소인 양 평가항목에 포함시킴으로써 고객응대와 관련하여 제공해야 하는 서비스를 획일화시키고 고객센터의 평가자(QA)와 상담직원들을 혼란스럽게 함은 물론 불필요한 에너지를 소모하게 하는 등의 문제점을 양산하고 있다는 점입니다.

고객센터에서 오랜 기간 근무한 필자 입장에서는 이러한 서비스 품질 지수가 고객센터 서비스 품질의 객관화는 물론 표준화를 향상시킬지는 모르지만 고객응대서비스를 고착화시켜 '서비스 패러독스(Service Paradox)'를 고착화시키는 주범이 되지 않을까 걱정하지 않을 수 없습니다.

최근에는 어쩔 수 없이 대외적인 이미지 때문에 기관이 주관하는 서비스품질 지수화하는 연례행사(?)에 참여하고는 있지만 해당 기관에서 제시하는 평가기준에 따라 서비스품질을 평가하지 않는다는 곳이 많아지고 있습니다. 이러한 현상이 발생하는 이유는 현장 상황과는 맞지 않는 평가가 오히려 부자연스러운 서비스를 양산하고 상담직원 들의 불만으로 이어지고 있으며 오히려 서비스 품질을 방해하고 있다는 판단이 들었기 때문은 아닐까요?

국내 서비스품질평가기관의 평가 기준안 예시

구분	평가내용
발음 정확성	맞이 인사 시 발음이 명확하여 모두 명확히 알아들을 수 있다
말투 및 어감	어감에 친근함이나 미소가 나타나 있다. (무미건조한)
	정중함이 느껴지는 어조로 상담한다. (가르치는 / 무시하는 / 퉁명스러운 / 짜증스러운 / 다그치는 / 성의 없는 말투 / 자연스럽지 못한 말투 지양)
	올바른 표현을 한다. (요조체, 일상표현, 반토막말, 말끝 흐림, 사족어 지양)
말속도	상담원의 말 사이에 고객이 호응어(네~)를 구사할 수 있을 정도의 간격을 두고 있다.
	고객의 상황에 맞는 속도를 유지하고 있다.
자신감 있는 응대	모든 사항을 자신감 있고 정확하게 응대한다. (추측성, 웅얼거림, 말끝 소리가 작아짐)
고객이해도	이해하기 쉬운 표현으로 고객에게 설명한다
	조리 있게 설명하여 이해를 돕는다. (우왕좌왕 X, 장황한 X, 논리적인 ○)
	융통성 있는 업무 처리를 한다. (고객상황 맞춤)

여기에 덧붙여 이러한 기관들의 평가기준인 음성연출을 고객만족의 필수요소인 양 세분화하고 획일화시켜 음성연출을 더욱 공고히 하는

일부 강사로 가장한 모니터링 전문가들이라고 할 수 있습니다. 이들 또한 현장 경험에 근거해 음성연출이 주관적인 요소이며 평가하기에 어려운 점이 있다는 사실을 알고 있으면서도 평가항목의 음성연출을 평가하기에 주저하지 않습니다. 따라서 이들을 통해 이루어지는 평가자(QA) 대상 교육은 이러한 음성연출을 더욱 고착화시키는 내용으로 채워지고, 이렇게 견고하게 지속·유지되어 온 고객센터 상담품질은 음성연출을 배제하고는 이루어지기 힘든 구조를 갖게 된 것이죠.

사실 전문가라고 한다면 적어도 자신의 경험과 다양한 연구를 통해 상담품질의 본질을 이해하고 이를 개선하기 위한 방안을 마련함은 물론 상황에 맞는 모니터링 평가 지표를 개발하거나 불필요한 평가항목을 과감히 배제하려는 노력이 뒤따라야 한다고 생각합니다. 그러나 제가 보는 관점에서 이들은 평가기관이 제시하는 평가 지표에 충실히 평가를 하는 것에 만족하고 말도 안 되는 평가항목을 더욱 고착화시키는 데 소임을 다하고 있으며, 그들의 해당 활동이 고객센터 직원들에게 얼마나 많은 고통을 주며 감정노동을 더욱 부채질하고 있는지 따위에는 관심이 없어 보입니다.

고객센터의 최고책임자들도 음성연출의 문제에서 자유로울 수 없습니다. 고객만족은 물론 긍정적인 고객경험관리 전반에 걸쳐 의사결정을 가진 주체로서 고객만족에 있어 음성연출이 많은 부분을 차지할 것이라는 그들의 생각이 여전히 바뀌지 않고 있기 때문입니다. 친절하고 상냥하며 매력적인 음성이나 기술이 고객을 만족시키는 최고의 무기라는 잘못된 생각을 확고히 하고 이를 하위 관리자들에게 강요하거나 지침을 만들어 압박을 주는 것이죠.

최고책임자의 이러한 생각에 아무런 비판이나 반론을 제기하지 못하는 하위 관리자들은 최고책임자의 지시를 그저 묵묵히 따를 수밖에 없는 것입니다. 최고책임자의 '친절함이 최고의 고객만족 요소'라는 잘못된 생각을 더욱 강화시키는 것이 있는데, 그것은 바로 이들의 핵심성과지표(KPI)가 고객이 느낀 서비스품질을 지수화한다는 서비스품질 평가기관들의 평가 결과에 연동된다는 사실입니다.

이러한 이유로 매년 특정월에 고객센터는 이들 단체의 평가항목에 맞추기 위해서 상담직원의 육체와 영혼을 갈아 넣기를 강요하고 있는 것입니다. 비용이 많이 드는 시스템이나 프로세스 개선을 통해서 고객만족과 긍정적인 고객경험을 달성하려는 노력보다는 상담직원의 일방적인 희생을 통해서 말도 안 되는 목표를 달성하려고 하니, 그야말로 고객만족이라는 것이 상담직원의 육체와 영혼을 갈아 넣은 결과물이라는 말이 나오는 것입니다.

마지막으로 평가자(QA)도 음성연출을 통해 상담직원의 열정을 왜곡하거나 감정노동을 심화시키는 주범이라는 사실에서 자유로울 수 없을 것입니다. 국내 고객센터에서 평가자가 되는 경로는 의외로 간단한데, 콜을 많이 응대하거나 상담품질이 좋아 우수직원으로 선발된 직원들이 주로 평가자가 되는 경우가 많습니다.

또한 이들을 평가자로 선발해 놓고 평가방법이나 코칭과 관련하여 제대로 된 교육이나 훈련을 해 주는 것도 아니고 이미 고객센터 초기부터 내려온 평가항목을 기계적으로 평가하는 방식에 익숙하도록 하는 것이 전부입니다. 동시에 평가를 할 때 자기 자신이 고객을 응대해 온 방식대로 응대를 하지 않으면 점수를 깎는 방식으로 평가가 진행되다 보니, 제대로 된 평가가 이루어질 리 없습니다. 상담품질평가 항목 또한 지시 고객센터 상황에 알맞은 것이 아닌 규모가 큰 고객센터에서 하고 있는 항목들을 그대로 평가에 적용하거나 일부 항목들을 수정 또는 세분화하여 적용하는 경우가 많습니다.

이러한 상황에서 평가자(QA) 입장에서는 "음성연출을 평가항목에서 배제하면 상담품질이 저하되지 않을까?"라는 불안감 때문에 절대로 해당 항목을 포기하지 않게 됩니다. 따라서 평가자 입장에서는 그나마 주관적이라고 하더라도 "음성연출이라는 평가항목을 반영하니까 지금 수준을 유지하고 있다."라는 잘못된 생각을 하고 있을지도 모릅니다. 즉, 상담직원이 모니터링 평가에 불만이 있다고 하더라도 상담품질을 적정 수준으로 유지하기 위해서는 '음성연출' 항목을 배제하고 평가할 수 없다는 논리를 펴는 것이죠. 마치 고객센터의 상담품질을 관리하는 데 있어 마지막 방어선 내지는 보루라고 생각하는 것 같습니다.

그렇지만 고객만족 요인이나 긍정적인 고객경험을 제공하는 데 있어 음성연출이 차지하는 비중은 그리 크지 않다는 사실을 잘 아실 것이라 생각합니다. 상담직원이 고객을 응대할 때 음성연출이 뛰어나면 좋지만 이것이 핵심은 아니라는 얘기입니다. 고객이 원하는 것은 자신이 원하는 정보나 지식이 정확하고 신속하게 전달되는 것과 자신이 어려움이나 불편을 겪고 있는 상황에서 해당 문제가 신속하게 해결되는 것입니다. 여기에 호응이나 공감 같은 항목이 곁들여지면 훌륭한 응대가 이루어졌다고 할 수 있지만, 가장 핵심이 되는 것은 고객이 원하는 것을 신속·정확하게 전달하고 해결하는 일이라는 사실엔 변함이 없습니다.

음성연출은 평가의 대상이 아닌 개선 및 보완을 위해 지속적으로 이루어져야 하는 교육과 훈련을 통해 개선될 수 있음을 기억해야 합니다. 음성연출 점수를 인센티브와 인사고과에 연동시키는 치사하고 저질스러운 방법으로 억지 친절이나 상냥함을 유도해 내지 말고, 회사의 시스템이나 프로세스 문제는 없는지를 진단하고 이를 개선함으로써 상담직원이 효율적으로 응대할 수 있도록 열정을 쏟아부었으면 합니다. 고객센터의 비용과 효율성 이슈를 상담직원의 역량 탓으로 몰아붙이며 일방적으로 육체와 영혼을 갈아 넣게 만드는 음성연출은 평가에서 배제하고, 제대로 된 교육과 훈련을 통해 상담품질을 개선하려는 노력이 병행되어야 한다는 사실을 꼭 기억하시기 바랍니다.

사자성어에 '견월망지(見月忘指)'라는 말이 있습니다. 흔히 하는 말로 '달을 가리켰으면 달을 봐야지, 손가락 끝을 보면 안 된다.'는 의미인데, 모니터링 평가항목 중에 음성연출이 바로 그 손가락 끝이 아닐까 싶습니다.

04

음성연출을 개선시키기 위한
구체적인 대안들

⌣

    앞장에서 필자는 고객센터에서 음성연출이라는 평가항목을 배제해야 하는 이유와 현실적으로 해당 항목을 포기하지 못하는 이유에 대해서 설명하였습니다. 중요한 것은 음성연출이라는 것이 나쁘다는 것이 아니라 그것을 도출해 내는 과정이나 방법에 문제가 있다는 것인데, 수십 년이 지난 지금까지도 긍정적인 효과는 미미하고 오히려 부정적인 결과만 초래하는 음성연출을 신봉하는 고객센터가 우리 주위에 많다는 점은 참으로 유감스럽습니다. 그래서 이번에는 음성연출을 평가하지 않고 개선시킬 수 있는 방법은 무엇인지에 대해 알아보도록 하겠습니다.

    아나운서는 주로 지식이나 정보를 제공하는 사람이고, 상담직원의 경우 지식이나 정보도 중요하지만 문제 해결을 위해 상담하는 경우가 많습니다. 업무의 목적과 결이 상담직원과는 다르다고 할 수 있는데, 아나운서는 정확한 정보와 지식만 전달하면 될 뿐 반드시 친절할 필요가 없습니다. 그러나 상담직원의 경우 공감은 물론 친절 외에도 미소가 담긴 밝고 경쾌한 목소리를 담은 음성연출로 지식이나 정보 제공은 물론 문제 해결을 해야 합니다. 따라서 음성연출을 향상시키기 위해서는 음성연출의 정의와 목적 또는 목표가 무엇인지에 대해서 구체적으로 고민해야 합니다.

다른 기업이나 기관에서 한다는 이유만으로 또는 서비스품질 지수를 유지하기 위한 말 같지 않은 이유가 아닌, 음성연출이 고객만족이나 긍정적인 고객경험을 위해 어떠한 역할과 기능을 하는지에 대해 명확하게 밝히고 그에 따른 정의나 목표나 목적을 구체화해야 합니다. 이와 함께 고객응대 그리고 상담품질의 본질이 무엇인지에 대한 정의를 근거로 상담직원이 업무수행 시 지켜야 할 자세나 태도 그리고 스킬이 무엇인지에 대한 재정의가 필요합니다.

다음으로 제대로 음성연출을 잘할 수 있는 사람들을 선발 및 채용하면 됩니다. 아무나 마구 뽑는 것이 아니라 엄격한 과정을 거쳐 제대로 된 사람을 선발하는 것이지요. 전화면접도 좋고 대면면접도 좋습니다. 제대로 된 역량과 자질을 가진 사람 그리고 아직은 아니지만 교육과 훈련을 통하면 충분히 고객을 만족시킬 수 있는 음성과 자질을 가진 사람들을 채용하면 되는 것이지요.

이렇게 말하면 너무 당연한 말을 한다고 하시는 분들이 계시는데, 그렇게 말하기에 앞서 그동안 고객센터가 어떻게 사람들을 뽑았는지 생각해 보시기 바랍니다. 취업사이트나 카페에 글 올려서 '정착 지원금 제공', '급여수준에 대한 상세확인 인증', '최고의 복지수준', '교육비 지급' 등의 문구를 올려 사람들을 선발하려고 안간힘을 쓰게 된 원인이 바로 내부에서의 원칙 없이 이루어지는 채용과 선발 정책 때문이 아닐까요?

음성연출을 포함해 상담품질을 좋게 하려면 그에 맞는 적합한 인원을 선발해야 하고, 그러려면 제대로 된 선발 및 채용 체계를 갖추는 것이 바람직합니다. 이를 위해 선발기준도 주먹구구식이 아닌 데이터(Data)를 적절히 활용해야 합니다. 예를 들어 고객센터에서 상담품질이 우수한 직원들을 공통적인 특징을 데이터화하여 이를 선발기준에 활용하는 것입니다. 예를 들어 고객센터 근무 경험 유무, 근무하였다면 근무한 업종, 학력, 연령대, 채용 채널 등을 고려하고 사전에 전화면접을 통해 음성은 물론 표현 및 태도나 자세를 파악한 결과를 토대로 채용하는 것입니다.

다음으로 좀 더 구체적인 대안으로 상담품질평가항목에서 10~20%의 비중을 차지하는 음성연출은 과감하게 배제하고 고객응대의 본질과 고객센터 상담품질 목표에 부합하는 항목들만 평가하는 것입니다. 예를 들어 지식 및 정보 제공 능력과 문제 해결 능력, 고객이 실제로 느끼는 체감만족도(설명이나 빠른 문제 해결 등) 및 고객센터의 주요 성과지표와 연동이 되어 있는 항목에 대한 배점 비중을 높이는 방향으로 평가를 진행하는 것이죠. 음성연출은 평가항목이라기보다는 상담직원을 대상으로 코칭이나 피드백을 위한 자료로 활용하는 것이 바람직합니다.

만약 음성연출을 평가항목에 반영하겠다면 정식 평가에서는 비중을 두지 않고 가감점 형태로 평가하는 것도 한 가지 방법입니다. 음성연출을 가감점 항목에 반영할 경우 평가를 통해 해당월에 가장 많이 지켜지지 않은 항목이나 가장 저조한 항목이 있다면 이를 가감점에서 비중을 조절하고 감점자를 대상으로 이를 개선하기 위한 교육이나 훈련 프로그램을 운영하는 것이 바람직합니다.

가감점의 경우 보통 3~5점 정도가 적당하며 지속적으로 음성연출 항목에 문제가 발생하는 상담직원을 대상으로 이를 개선하기 위한 교육이나 훈련 및 기타 프로그램을 운영하는 것입니다. 예를 들어 음성연출이 부족한 직원들에 대해서는 구체적인 데이터나 사실을 근거로 이를 개선하기 위해 집중적으로 트래킹(Tracking)을 하여 지속적인 코칭을 진행하는 것도 좋습니다. 모든 상담직원이 아닌 문제가 되는 소수의 직원들을 대상으로 진행하기 때문에 부담이 크지 않으며 주간에 2~3회 주기로 모니터링한 결과를 근거로 코칭 피드백을 진행함으로써 실질적인 진전이나 개선을 기대할 수 있습니다. 모니터링 형태는 녹취콜도 괜찮으나 실시간 모니터링콜을 통해 즉각적으로 피드백을 주는 것이 더 좋습니다.

이와 함께 해당 직원에게도 별도의 과제를 부여하는 것도 좋습니다. 예를 들어 고객센터 상담품질 우수자와 자신을 객관적으로 비교해서 리뷰를 하거나, 동업타사의 미스터리 콜을 진행한 결과 자신의 콜과 비교하게끔 하는 것도 방법입니다. 이를 통해 상담직원 스스로 개선해야 할 사항들을 파악하고 개선하려는 효과도 있지만, 상담직원 입장에서도 이와 같은 프로그램이 귀찮고 성가신 일들로 받아들여져서 해당 항목이 부진 상태로 떨어지는 일을 예방하는 효과를 기대할 수 있습니다.

이와 함께 평가자(QA) 또는 교육강사들을 대상으로 음성연출과 관련해 핵심성과지표(KPI)에 일정 비중을 두고 이를 평가에 반영해야 합니다. 음성연출이 그렇게 중요하다면 평가자와 관리자들도 단순히 평가 또는 교육 및 피드백 활동에만 그치는 것이 아니라 그에 대한 평가도 받아야 합니다. 상담품질평가는 누구나 할 수 있습니다만 이를 개선하거나 향상시키는 것은 별개의 문제입니다. 관리자에 대한 평가는 상담직원의 결과에 따른 무임승차가 아닌 본인이 결과에 대한 개선 및 향상시키려는 노력도 포함되어야 한다고 생각합니다.

예를 들면 상담품질평가 결과 부진자 또는 음성연출이 부진한 상담직원을 대상으로 개선시킨 정도나 개선을 시킨 직원 비중을 평가에 반영하는 것입니다. 상담품질 점수가 부진한 직원이 5명이 있다면 월 단위로 개선시킨 직원의 수를 평가하거나 상담품질 점수나 음성연출의 개선 정도를 평가하여 이를 인사고과에 반영하는 것입니다. 상담품질이나 음성연출을 향상시키기 위한 구체적인 노력이나 활동을 하지도 않으면서 기능적으로 평가만 하는 것은 무임승차나 다를 바 없기 때문입니다.

다음으로 중요한 것은 정기적으로 음성연출과 관련된 교육 및 훈련을 실시하는 것입니다. 평가자를 포함한 관리자들이 위에서 설정한 고객응대와 상담품질 본질에 근거하여 자사 고객센터에 적합한 음성연출 기준에 맞추어 보이스 트레이닝을 포함하여 고객응대 시 바른 표현이나 호감을 주는 표현, 조심해야 할 존칭 등 적절한 표현과 관련한 교육을 주기적으로 하는 것이죠. 특히 보이스 트레이닝의 경우 적어도 지켜야 할 가이드라인을 마련하거나 허용될 수 있는 목소리와 내지 말아야 할 목소리를 명확히 구분하여 제시하는 것이 바람직합니다.

만일 자사 고객센터에 보이스 트레이닝 전문가가 없다면, 외부 전문가를 섭외해서도 지속적으로 훈련을 해야 합니다. 비용이 아끼려고 제대로 된 교육도 시키지 않으면서 평가하고 상담직원에게 책임을 전가하는 행위로는 절대 개선이 되지 않습니다. 전문가들이 말하는 "가장 좋은 목소리는 진심이 담겨 있는 목소리다."라고 하는 것처럼 이러한 기준에 부합하기 위해 필요한 발성법이나 호흡법은 물론 관련 스킬들을 주기적으로 교육 및 훈련을 통해 익히도록 하는 것이 가장 중요합니다.

위에서 언급한 음성연출을 개선하기 위해 자체적인 경진대회나 학습조직을 운영하는 것도 한 가지 방법입니다. 역할연기(Role playing) 및 스크립트 경진대회를 여는 것처럼 '안정감 있는 고객응대를 위한' 음성연출 경진대회를 진행할 수도 있습니다. 팀별로 해당 팀이 고객응대 시 음성연출 부분에서 잘하고 있는 점과 못하고 있는 점을 다른 팀과 비교하거나 우수하다고 생각하는 동업타사의 콜을 샘플링(Sampling)하여 들어 보고 장단점을 파악하는 것입니다.

이를 통해 개선해야 할 점을 도출할 수 있고 이를 현실화할 수 있는 지침이나 방법들을 스스로 마련하고 터득할 수 있는 것이죠. 단순히 고객센터나 관리자의 생각 및 의도에 따라 개선하는 것이 아니라, 상담직원 스스로를 깨닫고 이를 현장에 적용하는 것이 바람직하다는 의미입니다. 이를 통해 음성연출 부분에 개선이 이루어졌다면 이들에게 실질적인 보상을 제공하는 것이 비용을 절감하고 상담품질을 개선하는 데 효과적이라는 것입니다.

다시 한 번 강조하건대 음성연출은 평가해야 할 항목이 절대 아니라 교육 및 훈련을 통해서 개선해야 할 대상임을 꼭 기억하시기 바랍니다. 주관적인 자신의 판단을 근거로 해당 상담직원의 음성연출에 대해서 평가하는 것은 누구나 할 수 있습니다. 그렇지만 잘못된 음성연출에 대해서 제대로 개선 및 보완을 해 줄 수 있는 사람이 없다는 것이 가장 큰 문제이므로 평가가 아닌 교육 및 훈련에 초점을 맞춰 음성연출 부분을 강화 및 향상시켜야 합니다. 이와 함께 음성연출이 저조하거나 문제를 일으키는 상담직원은 일부 소수에 국한되는 사항임에도 불구하고 전체 직원을 대상으로 평가를 진행하는 것은 자원을 낭비하는 행위이며, 상담직원들을 더욱 불편하게 행위라는 사실을 기억하시길 바랍니다.

05

고객경험관리 측면에서
매력적인 음성이 중요하다고?

이번 장에서는 고객만족 및 긍정적인 고객경험 차원에서 음성연출이 중요한 요소라고 주장하며 이를 상담품질평가에 반영하기를 고집하는 사람들에 대해, 과연 그러한 주장이나 태도가 옳은가에 대해 설명하고자 합니다.

제네시스라는 기업에서 조사한 결과보고서에 의하면, 고객은 2017년과 2018년 사이 단순히 음성을 통한 소통에서 벗어나 메시지, 모바일 앱, 챗봇, 소셜미디어, 화상 통화 등을 통해 적극적으로 소통하고 있는 것으로 조사되었습니다. 이후 고객서비스와 관련된 소통은 음성보다는 디지털 채널을 활용하는 추세가 급격하게 증가하게 되었습니다. 다음 표는 음성보다는 다른 고객채널을 통해 서비스 관련 커뮤니케이션을 한다는 트렌드의 변화를 정리한 것입니다. 물론 전 세계 고객을 대상으로 조사했기 때문에 나라별로 조금씩 차이는 발생할 수 있지만, 대부분의 트렌드는 전통적인 음성(콜)보다는 다른 채널로의 이용이 활발한 것은 틀림없는 것 같습니다.

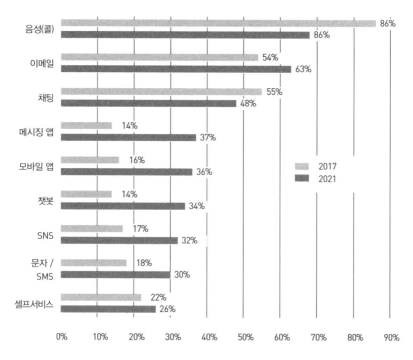

서비스 소통 관련 고객의 채널 이용 현황 조사 결과[1] (출처: 제네시스 고객경험 현황 보고서, 2023)

그렇다면 고객 입장에서 '고객센터와 접촉 시 가장 중요하게 생각하는 것은 무엇인가?'에 대해서 고객과 기업은 동일하게 생각하고 있을까요? 이러한 문제와 관련하여 기업과 고객의 인식은 큰 차이를 보이고 있습니다. 예를 들어 다음 그래프에서 보는 바와 같이 고객 입장에

1   전 세계 100여 개 국가에 진출한 Genesys가 2,629명의 고객과 690명의 고객경험 관련 경영진을 대상으로 진행한 조사 결과 보고서.

서는 첫 번째 콜 해결률(FCR)[2]과 신속한 응답을 가장 중요한 요소로 생각하고 있는 반면, 기업의 입장에서는 전문성, 친절함 그리고 비즈니스에 대한 신뢰성을 우선순위로 두는 경향이 높게 나타납니다. 기업이 고객의 의중을 헤아리지 못하고 잘못된 부분에 초점을 맞추면 고객만족이 이루어질 수 없습니다. 고객은 친절함보다는 신속한 응답과 명확한 문제 해결에 초점을 맞추고 있다는 사실은 2000년대 초나 지금이나 변함없습니다.

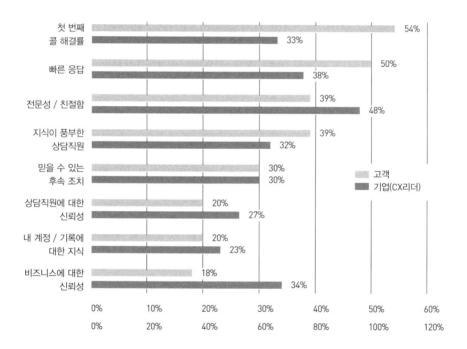

고객센터 이용 시 가장 중요하게 생각하는 요소에 대한 조사 결과 (출처: 제네시스 고객경험 현황 보고서, 2023)

2   First Call Resolution이라고도 하며 고객으로부터 걸려온 전화를 이관이나 재통화를 약속하지 않고 한 번에 고객이 원하는 것을 해결해 주는 지표로, 고객만족지표인 동시에 효율성 지표로 활용되기도 한다.

필자는 '상담품질 측면에서 고객경험관리의 중요성' 편에서도 Zendesk에서 인터뷰를 통해 조사한 결과를 근거로 설명한 바 있듯이 고객서비스 경험 측면에서 긍정적인 결과를 유발하는 요인은 신속한 문제 해결, 서비스를 실시간으로 이용할 수 있는 환경, 상담직원의 친절한 태도, 원하는 방식으로 서비스를 제공받는 것입니다. 이러한 결과에서도 알 수 있다시피 그 어디에도 상담직원의 음성, 속도, 억양, 미소나 생동감이 느껴지는 음성연출과 관련된 항목이나 요인이 있다는 사실을 확인할 수 없습니다.

위 그래프에서 보시는 바와 같이 음성연출이 중요한 것이 아니라 빠른 문제 해결이나 신속한 정보 제공이 긍정적인 고객경험을 결정하는 요인이라는 점을 이해하셔야 합니다. 이 부분이 제대로 해결되지 않으면 아무리 음성연출을 한다고 하더라도 고객은 계속해서 불만을 느낄 수밖에 없습니다. 따라서 상담직원에게 문제를 완전하게 해결할 수 있는 지식이나 스킬을 제공하거나 지속적인 교육 및 훈련이 이루어져야 하는 것은 당연합니다.

이와 관련하여 고객 입장에서 문제 해결을 하기에 앞서 고객은 빠른 응답에 대한 요구가 높다는 사실을 이해해야 합니다. 아무리 우수한 직원이 응대를 한다고 해도 고객센터에 전화했을 때 제대로 연결도 되지 않고 계속해서 IVR을 통해 '지금은 통화량이 많아 상담직원 연결이 어렵습니다.'라는 안내 멘트만 나온다면 긍정적인 고객경험이 이루어질 리 만무합니다. 빠른 응대에 대한 요구는 갈수록 높아지고 있지만 여전히 해결되지 않고 있으며, 이러한 불만요소는 상담직원을 감정적으로 힘들게 하는 요인으로 작용하고 있습니다. 결국 비용을 줄이기 위해서 상담직원의 희생을 강요하는 것밖에는 안 되는 것이죠.

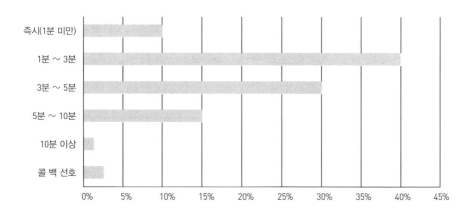

상담직원과 통화를 위해 기다릴 수 있는 시간 (출처: 제네시스 고객경험 현황 보고서, 2023)

위 그래프에서 보시는 바와 같이 고객 입장에서는 대기 과정에서 낭비되는 시간이 불만 요인이 됩니다. 따라서 고객을 만족시키기 위해서 또는 긍정적인 고객경험을 제공하기 위해서 엉뚱한 음성연출에 에너지를 쏟을 것이 아니라, 대기시간을 줄이기 위한 노력을 해야 합니다. 셀프 서비스를 개선하거나 시간 단축을 위한 예측 기반의 라우팅 전략을 수립하든지 이도 저도 아니면 적절한 상담직원을 추가 배치하는 등의 노력을 통해 현실적으로 대기시간을 줄일 수 있어야 합니다.

따라서 고객만족에 영향이 없는 음성연출과 같은 주관적인 평가기준에 목매거나 에너지 소비하지 말고, 위에서 언급한 대로 상담직원에게 문제를 완전하게 해결할 수 있는 지식이나 스킬을 제공하거나 고객만족 및 긍정적인 고객경험을 제공하기 위한 전략이나 시스템, 프로세스 개선에 최선을 다하는 것이 바람직합니다.

06

고객센터에서 공감능력을 키우기 위해
필요한 것들

공감이란 흔히 타인의 입장에서 타인의 상황은 물론 경험한 것을 이해하거나 타인의 입장에서 생각해 보는 능력이라고 할 수 있으며, 공감능력이란 타인의 상황을 경청하고 감정과 입장을 이해 및 존중하는 능력을 바탕으로 상대방의 상황이나 입장에 대해 적절하게 대응할 수 있는 능력을 말합니다. 이러한 공감능력은 타인의 말을 잘 경청하고 소통할 수 있는 특징이 있어 고객의 다양한 요구사항을 해결하는 고객센터에서는 상담직원이 갖추어야 할 가장 중요한 역량이라고 할 수 있습니다.

인공지능으로 대표되는 4차 산업 혁명시대에도 공감능력이 최고의 경쟁력이라고 할 수 있을 정도로 공감은 시대를 관통하는 키워드가 되고 있습니다. 사실 아무리 뛰어난 인공지능 기술이라고 하더라도 인간의 고유 영역이라고 할 수 있는 공감은 쉽게 대체하기 어렵습니다. 고객센터의 경우 고객이 필요로 하는 지식이나 정보를 쉽게 제공할 수는 있어도 문제 해결을 하는 과정에서 필요한 감성까지 대체하기는 어렵습니다. 그래서 최근에는 상담직원들을 대상으로 공감역량을 향상시키기 위한 다양한 노력을 경주하고 있습니다.

인공지능의 경우 지식이나 정보의 유무에 따라 평가 또는 판단이 가능하며 이를 통해 인공지능의 존재 이유를 증명합니다. 반면 인간이 지닌 고유의 공감 능력의 경우, 인공지능과 같은 평가나 판단을 하지 않고 오직 고객의 마음이나 감정 또는 기분을 수용하고 이에 맞는 감정적인 지지나 지원을 해 줌으로써 좀 더 복잡한 문제를 해결합니다. 기술의 진화는 필연적으로 인간을 더욱 외롭게 만들기 때문에 고객을 응대하는 과정에서 고객과의 인간적인 교류나 감성적 공감은 긍정적인 고객경험을 제공하고 기업과 고객의 관계에 식산섭석인 관계를 유지하는 데 영향을 주는 요소로 작용합니다.

최근 고객센터의 서비스는 단순히 고객으로부터 걸려온 전화를 응대하는 것 이상의 것을 포함하는 경우가 많습니다. 단순문의에 대한 응대에 국한되는 것이 아니라 긍정적인 정서를 바탕으로 고객의 감정 상태를 읽고 명확하게 정보를 전달하며 친근감을 주는 태도 외에 가장 근본이 되는 것은 바로 고객과의 공감이 아닐까 싶습니다. 고객과 소통할 수 있는 채널이 증가하여 과거에 비해 문의콜이 줄어든다고 하더라도 인공지능시대 고객과의 공감은 아무리 강조해도 지나치지 않습니다.

이렇게 중요한 공감을 고객센터에서 고객에게 전달하기란 쉽지가 않습니다. 그럼에도 불구하고 고객센터에서는 고객과의 공감을 위해 지속적인 노력이 필요합니다. 그렇다면 고객센터에서 고객에 대한 감성역량을 키우기 위해 어떠한 노력이 필요한지 알아보도록 하겠습니다.

　먼저 우리 고객센터에서 정의한 공감능력은 무엇이고 어떠한 특징을 가지고 있는지를 사전에 명확하게 파악해야 합니다. 보이지도 않는 고객을 단순히 전화기 너머로 들려오는 음성만으로 감정을 읽어내야만 하고 그에 따라 공감을 곁들인 상담을 하라는 것은 참으로 쉽지 않은 일입니다. 공감이 생각보다 쉽지 않다는 것은 모두가 잘 아실 겁니다. 우리가 흔히 이야기하는 공감은 인지적 공감[1]과 정서적 공감[2]으로 구분되는데, 인지적 공감이란 타인의 생각이나 감정을 의식적으로 잘 이해할 수 있는지를 중요하게 여기는 반면 정서적 공감은 공감의 행위로 인해 유발되는 정서적인 변화에 초점을 맞춥니다.

　따라서 고객센터에서 말하는 공감이 단순히 인지적 차원의 공감인지 아니면 정서적 차원의 공감을 포함하는 것인지를 명확히 해야 합니다. 상담직원들이 살아온 환경이 모두 다르기 때문에 공감하는 방식도 모두 다를 수밖에 없습니다. 따라서 고객응대 시 정서적 공감에 무게를 둘지 아니면 인지적 공감에 초점을 맞출지를 구분하는 것이죠. 구분하기 어렵다면 두 가지를 적절히 사용하여 고객의 상황이나 처지를 공감하는 선에서 정할지를 결정하는 것입니다. 일반적으로 고

1　인지적 공감(Cognitive empathy)는 간단하게 타인의 감정과는 별개로 상대방의 상황이나 처지, 마음을 읽는 것을 의미함(=이성적 공감)
2　정서적 공감(emotional empathy)는 흔히 말하는 공감을 의미하며 타인이 느끼는 고통, 괴로움, 또는 즐거움의 감정을 자신도 똑같이 느끼는 것을 의미하며 타인의 감정에 주로 집중해 공감하는 것을 의미함(=감정적 공감)

객센터에서 이루어지는 공감은 정서적 차원의 공감보다는 인지적 차원의 공감일 확률이 높습니다.

이렇게 고객센터에서 고객을 응대할 때 어떤 공감에 비중을 둘지를 정확히 규정하고 이러한 공감이 응대하는 과정에서 왜 중요한지가 명확하게 설명되어야 합니다. 이러한 근본적이고 본질적인 이해나 정의 및 필요성이 공유되지도 않은 상태에서 "고객님, 저라도 그랬을 겁니다.", "고객님의 심정을 충분히 이해합니다.", "아, 그러세요."라는 단편적인 표현이나 호응어를 제시하는 수준에서 공감하라고 하면 제대로 된 공감이 이루어지기 어렵습니다.

그러므로 사전에 상담직원들을 대상으로 고객의 공감이 이루어지는 메커니즘을 이해하고 이를 응대 과정에서 어떻게 녹여 내야 하는지를 구체적으로 제시해야 합니다. 이를 위해 구체적인 사례를 수집하고 공유하여 상담직원들이 쉽게 이해할 수 있도록 합니다. 그뿐만 아니라 실제 말투나 고객응대 시 어떤 행위나 자세를 유지하는 것이 우수한 공감능력을 나타내는 행위인지에 대해서 구체적인 지침을 제시할 수 있어야 합니다. 말도 안 되는 단편적인 표현이나 단순한 호응어 구사 여부를 가지고 평가한다면 영혼 없는 공감이 될 가능성이 높습니다.

다음으로 공감능력이 높은 사람들을 직원으로 채용하는 것입니다. 공감능력이 뛰어나다는 것은 타인과의 소통은 물론 경청을 잘한다는 것인데, 면접 시 공감지수(EQ)나 공감능력 외 인적성 검사를 통해 해당 자질을 갖추었는지 확인하도록 합니다. 예를 들어 단순히 호응을 잘한다고 무조건 공감능력이 뛰어난 사람이라고 할 수 없습니다. 거

짓으로 공감을 표출할 수 있기 때문입니다. 따라서 고객을 응대하는 과정에서 발생할 수 있는 일이나 상황을 주고 어떻게 응대하는 것이 좋은지를 지원자에게 물어보고 그에 대한 반응을 통해 공감능력을 평가해 봅니다.

예를 들자면 "요즘 경제가 어려워 먹고 살기 힘들고 보험료를 내기도 어렵다. 게다가 급여가 제때 들어오지 않아 요즘 더 우울하다."고 말하는 고객이 있다면 어떻게 응대할 것인지를 물어보고, 사전에 정해 놓은 고객센터의 공감에 대한 정의나 지침 또는 규정과 맞는지 그리고 해당 고객에게 사용하는 용어나 고객을 대하는 자세나 태도를 보고 평가하는 것이죠. 또한 기운이 나지 않아 어두운 분위기를 연출하는 고객에게 아주 맑고 경쾌한 소리로 응대를 하지는 않는지, 또는 적절하게 맞장구는 치는지와 고객이 사용하는 단어나 표현을 같이 사용하는지 여부도 체크할 수 있습니다.

다음으로 상담직원의 응대업무를 최소화하거나 부담을 줄여 주기 위한 내부의 다양한 노력이 필요합니다. 고객센터마다 다르지만 하루 평균 80콜~100콜을 받는 상담직원에게 제대로 된 공감을 하라고 강요하는 것은 무리입니다. 시간당 평균 10콜~12콜을 받아 낼 만큼 바쁜데 고객의 감정을 제대로 읽어 내고 그것에 공감하기란 쉽지가 않습니다. 대부분 밥벌이의 지겨움을 억누른 가운데 이루어지는 응대는 기계적인 공감이나 호응일 가능성이 높습니다. 특히 콜이 폭주할 경우에는 더욱더 어려운데, 이러한 상황에서 무조건 공감까지 하라고 하면 상담직원의 육체와 영혼을 갈아 넣어 응대하라는 것과 별반 다를 것이 없습니다.

상담직원에게 제대로 된 공감을 하게 하려면 시간적으로 여유가 있어야 합니다. 컨베이어벨트에 앉아 기계화되어 제품을 조립하는 사람은 대상 자체가 제품이기 때문에 공감이 필요 없지만, 고객을 응대하는 상담직원의 경우는 다릅니다. 따라서 상담직원으로 하여금 제대로 된 공감을 제공하게 하려면 이들에게 업무 과부하를 주어서는 안 됩니다. 그래야 한 콜, 한 콜 제대로 공감하면서 고객을 응대할 수 있습니다. 따라서 고객응대에 필요한 적정인원을 투입하여야 하는 것은 기본입니다. 20명이 해야 할 일을 15명이 처리하고 있다면 제대로 된 서비스를 제공하기 힘듭니다.

또한 고객과 소통할 수 있는 채널을 더 확장해야 하며, 고객 스스로 문제를 해결하거나 지식 및 정보를 얻을 수 있는 셀프 서비스를 강화해야 합니다. 셀프 서비스의 경우, 고객에게 맞는 개인화된 맞춤형 경험을 제공함으로써 공감은 물론 해당 이슈가 고객센터로 재인입되는 일이 없도록 하는 것이 바람직합니다. 이외에 상담직원에게 맞는 책임과 권한 위임을 제공하는 것입니다. 고객과 소통 및 공감할 수 있는 무기도 주지 않고 무조건 표현이나 태도 또는 자세만을 가지고 공감하라고 하면 분명 문제 해결을 강력하게 요청하는 고객의 입장에서는 이러한 상담직원의 응대에 진짜 공감하기 어려울 것입니다.

추가적으로 불필요한 콜(Negative call)이 인입되지 않도록 기업 내부의 프로세스 개선도 이루어져야 합니다. 고객센터에서 통화시간이 길어질 수밖에 없는 이유를 보면, 대부분 기업의 내부 업무 프로세스로 인한 것이 예상외로 많습니다. 프로세스가 투명하면 투명할수록 원활한 상담이나 응대가 이루어질 가능성이 많습니다. 교환이나 환불, 보상 정책이나 규정이 애매모호하거나 불투명하면 통화시간이 길어지거나 불만으로 이어질 가능성이 커서 공감할 수 있는 시간적 여유가 줄어듭니다.

마지막으로 가장 중요한 것은 상담직원들을 대상으로 긍정적인 감정을 회복할 수 있도록 다양한 프로그램을 마련하는 것입니다. 극한 직업이라고 할 수 있는 고객상담업무를 수행하는 직원들을 대상으로 학습된 무력감을 극복하기 위한 회복탄력성이나 긍정적인 자기 강화 훈련 프로그램을 운영하는 것이 대표적입니다. 회복탄력성을 향상시키기 위해서는 자기 조절, 대인 관계, 그리고 긍정성을 가져야 한다고 요약할 수 있습니다.

자기 조절이란 본인이 겪는 어려운 상황 속에서 자신의 감정을 조절하거나 평온함을 유지하는 것을 의미합니다. 스스로 부정적인 감정을 통제하고 긍정적인 감정을 유발하려는 노력이 필요하며, 상황에 따라 기분에 휩쓸리는 충동적인 반응을 최소화하는 행위 또한 자기 조절 능력이라고 할 수 있습니다. 이러한 자기 조절 능력과 관련한 교육이나 훈련 프로그램을 통해 상담직원들이 회복탄력성을 유지할 수 있도록 해야 합니다.

일반적으로 고객을 응대하는 과정에서 발생하는 부정적인 정서는 대인관계를 통해 해소 또는 완화되는 경우가 많은데, 이를 위해서는 소통이나 공감하려는 노력이 필요합니다. 예를 들어 자신뿐만 아니라 타인의 심리나 감정 상태를 잘 읽어 내거나 자신이 직장 동료, 친구, 지인과 연결되어 있음을 깨닫고 타인과의 관계 속에서 자신을 이해하려는 노력이 필요합니다. 마지막으로 긍정성이라는 것은 지금의 부정적인 정서나 감정 상태에서 벗어날 수 있는 성질이며, 자신이 원하는 방향으로 상황을 이끌어 나갈 수 있다는 자신감을 회복하는 것이 중요합니다.

이와 함께 현장에서 욕설이나 폭언 등으로 인해 피해를 입은 상담직원들에게 심리적 충격을 완화하기 위한 휴식은 물론 치유를 위한 장소나 시간을 제공해야 하며, 정기적인 심리치료나 상담을 통해 부정적인 감정을 완화하거나 최소화할 수 있는 방법이나 지침을 제공해야 합니다.

CHAPTER 3

상담품질관리를 위한
데이터 분석 및 피드백하는 법

01

고객센터에서 데이터 분석 및
관리가 필요한 이유

최근 우리 사회에서는 '세대차이'와 '세대갈등'이 시대적 화두가 되었습니다. 기업은 다양한 세대가 모여 공동의 성과를 창출해야 하기 때문에 더 많은 갈등 상황에 놓이게 됩니다. 구인구직 매칭 플랫폼 사람인이 373개 기업을 대상으로 '기업 내 세대갈등 양상'에 대해 설문조사한 결과만 보더라도 'MZ세대의 관리'가 기업의 핵심과제라고 해도 과언이 아닙니다.

통계청에서 실시한 '2020년 하반기 지역별 고용조사' 자료에 따르면, 상담직원과 통신판매직의 연령대는 전체 구성원의 70%를 이를 정도로 MZ세대가 대부분을 차지하고 있는 것을 볼 수 있습니다. 그렇기에 MZ세대의 특성을 파악하고, 그들에게 맞는 효율적인 업무 방식으로 접근하는 것이 무엇보다 필요한 상황에 직면해 있는 것입니다.

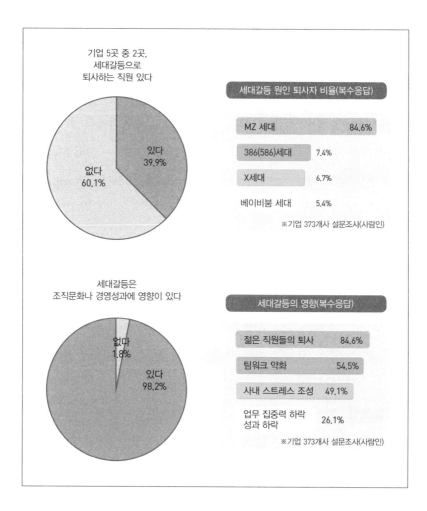

기업 내 세대갈등 양상에 대한 설문 조사 결과[1]

대한상공회의소가 발표한 '한국 기업의 세대갈등과 기업문화 종합

---

1   아이뉴스, 기업 내 '세대갈등' 못 참는 MZ세대… "퇴사자 10명 중 8명" www.inews.com/
    view/1427245 (2023sus. 03.20 접속)

진단 보고서'에 나온 내용을 보면 업무지시에 대한 세대 간의 인식 차이를 확인할 수 있었는데요. 예를 들어 '업무관행이 합리적인지'와 '리더의 지시가 명확한지'에 대해 20대는 물론 30대, 40대에서 긍정적 응답이 절반을 넘지 못했습니다. 이에 대한 심층면접에서 위 세대는 두루뭉술하게 일을 배워 왔지만 관행으로 받아들이는 '지도(Map) 세대'인 반면 아래 세대는 명확한 지시를 바라는 '내비게이션(Navigation) 세대'이기 때문으로 분석됐습니다.

그렇다면, 고객센터에서 이루어지는 업무 방식은 어떠할까요?

관리자　요즘 입사하는 젊은 상담직원들은 알려 주는 것 외에는 적극적으로 알아보려고 하지를 않아요. 노하우를 알려 주고 코칭을 해도 개선이 되지 않고, 본인이 무엇을 해야 할지 잘 모르는 것 같아 답답합니다.

상담직원　현재 나의 상담 수준이 어떤지, 어떤 부분이 미흡한지 등에 대해서는 알려 주지 않고, 계속 필수적으로 해야 하는 것과 하지 말아야 할 것들 위주로만 교육이 돼요. 그러고는 "잘하자~"라고만 하니, 지켜야 할 것들만 쌓여 가는 것 같아 부담되고 결국 포기하게 되는 것 같아요.

위 사례는 코칭에 대한 관리자와 상담직원의 생각 차이를 잘 보여 주고 있습니다. 현재 고객센터 관리자들은 운영과 관련하여 어떠한 가이드라인이나 데이터에 의한 업무지시와 코칭을 받았던 세대가 아닙니다. 상담업무를 하면서 스스로 습득한 스킬과 눈치껏 어깨너머로 배운 노하우로 현재 자리에 오른 경우가 많습니다. 그렇기에 자신이 경험한 방식 위주로 코칭을 하게 됩니다. 예를 들면 감이나 자신의 경험, 믿음이나 관행 등에 의한 코칭이 주를 이루죠. 이러한 이유로 인해 간혹 MZ세대 직원들이 왜 그런 것인지 세밀하게 설명을 요구할 때면 어떤 데이터로 설명을 해 줘야 할지 몰라 진땀을 빼기도 합니다.

반면, MZ세대는 음식을 만들어도 정확한 레시피를 요구하는 것이 일반적인데 그냥 '알아서', '적당히'라는 기준을 제시하면 이해를 하지도 않을뿐더러 이러한 지시나 코칭을 받아들이기 어렵습니다. 이러한 MZ세대들에게 있어 경험과 노하우만 나열하는 기존 관리자의 코칭 방식은 받아들이기도 어렵고 답답하기만 할 겁니다. 잘하고 싶어 한 질문에 모호한 지시나 이해하기 어려운 설명뿐이니 어떻게 해야 할지 몰라 당황스럽고 결국 코칭의 성과가 제대로 나타나지 않아 퇴사로 이어지는 악순환만 반복되는 것입니다.

이러한 업무 지시와 코칭을 둘러싼 세대차이를 해소하기 위해서는 지금까지 해 왔던 방식을 지양하고 체계적인 데이터 분석과 관리를 통해 업무 지침을 제시하는 것이 필요합니다. 직원들의 머릿속에 있는 두루뭉술한 개념과 모호한 업무 처리 과정을 데이터로 분석하고, 업무 프로세스로 명확히 정립하여 전수하려는 노력이 필요합니다. 그렇다면 고객센터에서 데이터관리가 필요한 이유는 무엇인지 알아보도록 하겠습니다.

먼저 고객센터 데이터 관리를 통해서 잘못된 데이터 수집 및 활용을 방지할 수 있습니다. 시간이 지나면서 데이터 관리의 중요성은 아무리 강조해도 지나치지 않습니다. 문제는 품질이 낮은 데이터가 고객센터의 상담품질을 관리하는 데 있어 심각한 혼선을 초래할 뿐 아니라 운영에도 직간접적인 영향을 미칠 수 있다는 사실입니다.

고객센터에서 수집 및 유지 또는 관리되지 않는 데이터는 상담품질은 물론 생산성 향상을 위한 전략을 수립하는 데 전혀 도움이 되지 않고 오히려 전략수립을 방해하기도 합니다. 데이터가 부족하거나 관리가 제대로 되지 않은 데이터가 활용되면, 고객경험관리의 문제점은 물론 고객이 겪고 있는 문제를 파악하기 어렵고 결국 고객센터에서 원하는 문제점 개선은커녕 목표를 달성하기 어렵게 만드는 원인으로 작용하게 됩니다.

다음으로 고객센터에서 발생하는 문제에 대한 신속한 원인 분석 및 대안 제시가 가능합니다. 아시다시피 고객센터에서는 다양한 데이터가 존재하고 꾸준하게 관리해야 할 데이터가 증가하고 있습니다. 최근에는 전화, 팩스, 이메일, 채팅, SNS, 앱 등 상호 채널 간의 연결성이 확보됨은 물론 온라인과 오프라인의 채널이 통합되고 있습니다. 이렇게 양적 채널의 증가와 함께 고객채널의 질적 진화가 거듭되면서 관리해야 할 데이터는 더욱더 증가할 것으로 보입니다.

이렇게 채널이 증가함에도 따라 고객센터에서 다루어야 하는 문제도 그만큼 많이 발생할 가능성이 높은데, 데이터 관리가 지속적으로 되지 않는다면 센터 내 이슈 발생 시 즉각적인 대처가 어렵습니다. 결국 원인 분석과 대안 제시가 아닌 처리 후 결과를 보고하는 수준에 그치게 되는 것이죠. 데이터 분석 및 관리가 지속적으로 이루어짐으로써 신속한 원인 분석과 그에 따른 효과적인 문제 해결은 물론 해당 이슈에 대한 개선 및 보완이 이루어질 가능성이 높습니다. 고객센터에서 발생하는 다양한 이슈에 제대로 대처하기 위해서는 감이나 경험보다는 데이터를 통한 접근이 오히려 문제 해결에 큰 도움을 줍니다.

다음으로 고객센터의 운영 방향성을 명확히 할 수 있습니다. 고객센터의 경우 목표 달성을 위해 여러 이해 관계자들과 협업을 이루어 업무를 진행하는 경우가 많은데, 평소에 데이터 관리가 되지 않는다면 타 부서에서 분석 자료를 요청하거나 문제 해결 및 개선에 필요한 객관적인 자료가 필요할 때 즉각적인 대처가 어렵습니다. 또한, 관리가 이루어지지 않을 경우 자료 분석에 많은 시간을 할애하기 때문에 센터 관리가 제대로 되지 않아 운영 목표 달성은 물론 효율성에 차질을 빚을 가능성이 높습니다.

따라서 고객센터에서는 운영에 필요한 데이터를 꾸준하게 관리함으로써 적재적소에 자료를 활용할 수 있어야 합니다. 특히, 특정 항목에만 집중하는 것이 아니라 핵심성과지표(KPI) 달성을 위해 향후 고객센터에서 무엇을 해야 하고 필요한 자원은 얼만큼 투입해야 하며 어떤 항목에 더 집중해야 목표를 달성할 수 있을지 파악하여 불필요한 자원을 낭비하지 않고 목표 달성은 물론 운영 효율성을 높일 수 있습니다.

이외에도 고객센터 성과 및 상담품질 향상을 위해 데이터 관리는 필수적입니다. 학창 시절 공부를 잘하겠다는 목표를 세웠을 때 무작정 열심히 하는 것과 계획을 세워서 체계적으로 하는 것은 큰 차이가 있다는 것을 경험해 봤을 겁니다. 그와 마찬가지로 업무도 성과 향상에 대한 추상적이고 두루뭉술한 목표를 가지고 하는 것이 아니라, 개인, 팀, 센터의 현재 수준을 파악하고 구체적인 목표를 세워 실행하는 것이 필요합니다. 일간, 주간, 월간, 분기, 반기, 연기 단위 비교분석을 통해 집중 항목을 파악하고, 전략적으로 상담함으로써 빠른 시기에 성과 달성 및 상담품질 향상을 이룰 수 있습니다.

02

상담품질관리를 위한
데이터 분석 프로세스

고객센터에서 상담품질분석을 효과적으로 수행하기 위해서는 가장 먼저, 데이터 분석 프로세스에 대한 기본적인 이해가 필요합니다. 데이터 분석 프로세스는 업무 특성과 상황에 따라 유동적일 수 있지만, 일반적으로 다음과 같이 5단계로 구성됩니다.

데이터 분석 프로세스 5단계

프로세스	고려해야 할 사항
문제정의	• 명확한 문제 정의 　예: 상담품질 점수 하락, 민원 접수 증가, 고객만족도 저하 등 • 센터 운영자 외 이해 관계자 합의 및 결정 　문제 상황 파악, 분석 목적, 이유, 결과가 미치는 영향, 예상 결과 • 실무 상황 고려한 문제 재정의 • 최종 데이터 수요자 설정(상담직원, 팀장, 센터장)
데이터 수집	• 다양한 유형 실제 데이터 수집 　예: 상담품질평가 자료, VOC, 녹취, SNS자료 등 내/외부 데이터 • 결측치 없는 자료 중심 수집(결측치 多 → 데이터 처리 시간 소요 多) • 시계열 분석: 최소 3년간 데이터 수집 필요 • 개인정보 보안 준수 주의

데이터 처리	• 결측치 및 이상치 자료 정제 • 단위별 데이터 세분화 • 설설정(해결방안 미리 선정) → 목적별 데이터 구분 • 다양한 관점의 데이터 구분(고객, 센터, 성과관리, 매출, 상담직원 등) • 목적 및 중요도 따른 우선순위 선정
데이터 분석	• 적합한 분석 방법론 적용한 분석 실시 • 2개 이상의 자료를 활용한 비교 또는 대조 실시 • 가설추정 방법을 통한 결과 추정 • 가장 쉽고 빠른 분석 방법 선택 • 보고서 작성 방법을 고려한 분석 방법 결정
리포팅 & 피드백	• 목표와 실제 비교 및 분석 목적과 방향성(가설)에 초점 맞춘 기술 • 수요자 니즈에 맞춘 기술 • 이해하기 쉬운 언어 사용 • 그래프, 도표 등 적절한 시각화 자료 활용 • 간결, 두괄식, 가독성 고려 • 사실에 근거한 투명하고 공정한 피드백

데이터 분석 프로세스 적용 예시

요청 내용: "최근 직원의 불친절 민원 접수 건수가 증가되고 있어요. 집중 근무시간에는 전원 투입하는데도 고객 대기가 많이 발생하고, 불만 접수 상황이 생기고 있습니다. 저희가 콜타임을 단축하기 위해서 지속적으로 상담 스킬 향상 교육과 코칭을 시행하고 있는데도 해결이 안 되고 있어서요. 개선을 어떻게 해야 할지 모르겠어요. 자료 좀 뽑아 주세요."

이와 같은 요청에 대해서는 다음 설명하는 절차에 따라 분석을 합니다. 먼저 문제 정의의 경우 최근 증가하는 민원 발생 건수가 상담품질

외에 작용하는 요인은 없는지, 있다면 어떤 요인이고 이를 개선하기 위해 어떻게 해야 할지 알려 달라는 요청이라고 할 수 있습니다. 이때 '인입량 증가로 고객 대기가 발생하여 고객과 상담직원 모두 예민한 상태로 상담이 진행될 것이다.'라는 가설을 설정할 수 있습니다. 가설을 통해 해당 문제가 발생한 다양한 이유를 데이터 분석을 통해 검증할 수 있고, 중요한 요인을 발견하거나 전체적으로 통합적인 관점에서 문제가 되는 요인을 파악할 수 있기 때문입니다. 이를 통해 불친절 민원이 증가한 원인 도출은 물론 해당 문제에 대한 개선방안을 예측할 수 있습니다.

다음 단계에서는 분석에 필요한 데이터를 수집하는데 위 예시를 근거로 보면 콜 인입량 증가를 원인으로 가정하고, 3개년 인입호 및 연관 데이터 요청(인입호, 응답호, 응답률, 서비스레벨 등), 상담직원 생산성 지표(평균통화처리시간, 평균통화시간, 후처리시간 등), 민원 접수 건, 모니터링 점수, 상담직원 근속 기간 및 인력 산정 자료 등을 요청할 수 있습니다.

이렇게 수집된 데이터를 처리하는 절차를 거치는데, 결측치 또는 이상치가 발생하는 경우 위에서 수집한 3개년 모두 동일하게 삭제합니다. 그러나 분석월이 11월인 경우 당해년도는 10개월(1~10월) 자료만 추출됨에 따라 비교 대상 자료도 모두 10개월 데이터만 처리합니다.

다음으로 위 조건으로 처리된 데이터를 분석하는 절차를 거치는데, 일반적으로 3개년간 인입된 콜과 응답콜을 시계열 분석으로 변화추이를 나타낼 수 있습니다. 인입콜 증가와 고객 대기 시간 증가 간의 상관관계를 분석할 수 있으며, 민원과 관련하여 민원 발생 건수와 패턴을 빈도분석을 통해 히스토그램 형태로 제시할 수 있습니다. 이를 통해 민원의 추이는 물론 민원이 발생하는 요인이 고객 대기가 많아서인지 아니면 다른 이유가 있는지를 구체적으로 도출할 수 있습니다. 위 사례에서 시계열 분석을 하게 되면 민원의 추이가 특정 기간에만 발생할 것인지 아니면 3년간 지속적으로 발생한 것인지를 한눈에 파악할 수 있는 특정 요인을 한정할 수 있습니다.

마지막으로 분석한 데이터를 근거로 리포팅 및 피드백을 하는 단계인데, 현황은 3개년 비교 결과 인입콜이 증가 또는 감소 추세인지, 상담직원의 처리 건수는 어느 정도가 되는지 인입콜 대비 응대율의 추이 등을 근거로 리포팅하거나 피드백을 진행합니다. 이때 단순히 분석한 내용을 근거로 데이터를 시각화하는 선에서 끝내는 것이 아니라, 증가 또는 감소에 따른 요인 분석과 함께 해당 문제를 개선할 수 있는 방안을 제시하여야 합니다. 예를 들어 1인당 처리건수가 증가함에 따라 상담품질 저하 요인이 되고 있다면, 개선방안으로 인입량에 적절한 인력 투입으로 상담 안정성 확보가 필요함을 리포팅합니다.

03

체계적인 상담품질관리를 위해
필요한 데이터 분석 방법과 활용

상담품질분석을 효과적으로 수행하기 위해서는 수집된 데이터의 유형과 분석 목적에 따라 적합한 분석 방법을 선택하는 것이 중요합니다. 고객센터에서 유용하게 활용되는 분석 방법에 대해 알아보겠습니다.

먼저 기술 통계분석입니다. 기술통계분석은 분석 시작단계에서 통계 데이터에 대한 요약된 정보를 제공하기 위해 가장 보편적으로 활용되는 방법입니다. 일반적으로 연속형 자료들의 평균, 표준편차 등을 계산하기 위한 기초통계분석을 기술통계라고 합니다. 기술통계분석을 통해 우리가 얻게 되는 값은 평균, 합, 표준편차, 최소값, 최대값, 평균오차, 첨도, 왜도 등입니다. 데이터를 효과적으로 요약하여 수치를 분석할 수 있으며, 수치로 할 것인지 그래프로 할 것인지에 따라 크게 수치로 요약하는 기법과 그래프로 요약하는 기법으로 나눌 수 있습니다.

문의내용	도입부			서비스능력						실무능력			종결부		가감점	종점
	신속성(4)	첫인사(3)	맞이인사(3)	경청(8)	발음/속도(5)	음성품질(10)	언어표현(10)	응대어 사용(7)	응대매기 표현(5)	설명력(10)	신속성(적극성)(10)	정확성(15)	추가문의(5)	종료인사(5)	고객칭찬/불만(3)	평균
배점	4	3	3	8	5	10	10	7	5	10	10	15	5	5	3	100
1차	4	3	3	8	5	5	10	0	5	10	10	15	5	3	0	86
2차	4	3	3	4	5	10	10	3	5	10	10	15	0	0	0	82
일반평가(평균값)	4	3	0	6	5	7.5	10	1.5	5	10	10	15	2.5	1.5	0	81
기술력평가(최저값)	4	3	3	4	5	5	10	0	5	10	10	15	0	0	0	74

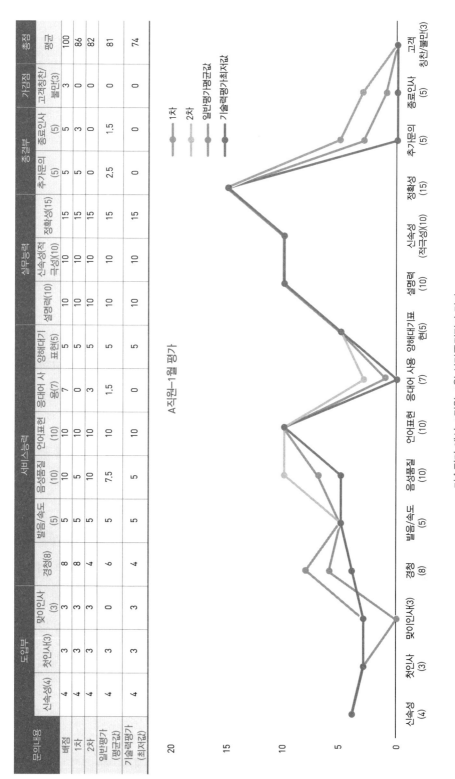

A직원-1월 평가

기술평가 예시_A직원-1월 상담품질평가 결과

기술통계분석을 통한 예시를 살펴보도록 하겠습니다. 다음 상담품질평가 결과 그래프는 A직원 1, 2차 상담품질평가 결과에 대해 기술통계분석을 실시한 자료입니다. 일반평가는 고객센터에서 가장 흔하게 수행하는 방법 중 하나로, 평가 결과의 값에서 평가 콜 수를 나눈 평균값을 산출한 것입니다. 기술평가는 상담직원의 상담품질평가 항목의 최저점으로 평가값을 구하는 것으로 실제 상담기술과 능력을 확인하여 교육 및 코칭 항목을 선정, 실제 상담기술을 향상시키기 위한 목적으로 활용되기도 합니다.

또한, 표준편차를 활용하여 상담품질을 분석할 수도 있습니다. 표준편차는 점수가 평균을 중심으로 얼마나 퍼져 있는지 또는 모여 있는지를 파악할 수 있는 지표입니다. 표준편차가 0에 가까우면 자룻값들이 평균 근처에 집중되어 있음을 의미하고, 표준편차가 클수록 자룻값들이 널리 퍼져 있음을 의미합니다. 즉, 표준편차가 0에 가까울수록 상담 항목들의 품질 편차가 적다, 상담직원 간 상담품질 편차가 적다는 것을 의미한다고 볼 수 있습니다. 이러한 점을 잘 활용한다면 상담직원의 개별 역량에 맞는 코칭과 교육 전략을 수립할 수 있습니다.

고객센터에서 기술통계분석은 개인별, 팀별 그리고 고객센터 전체의 상담품질분석이 가능합니다. 먼저 개인 상담품질분석은 상담직원의 콜을 확보하여 표준편차값을 구하는데 보통 20~30콜을 대상으로 합니다. 표준편차 분석을 통해 세부항목별 품질을 파악하고, 불안정한 항목을 도출하여 집중 교육 및 코칭을 진행합니다. 개인 상담품질분석은 주로 신규 입사자, 상담품질 하위자에게 적용할 수 있습니다.

또한 팀 상담품질분석은 다음 예시와 같이 팀원 1명당 1콜씩을 평기히여 팀 전체의 상담품질 표준편차값을 구하는 것입니다. 평균에서 멀리 분포하고 있는 직원에 대해서는 교육 및 코칭 계획을 수립하여 상담품질을 개선시킬 수 있도록 지속적으로 관리합니다.

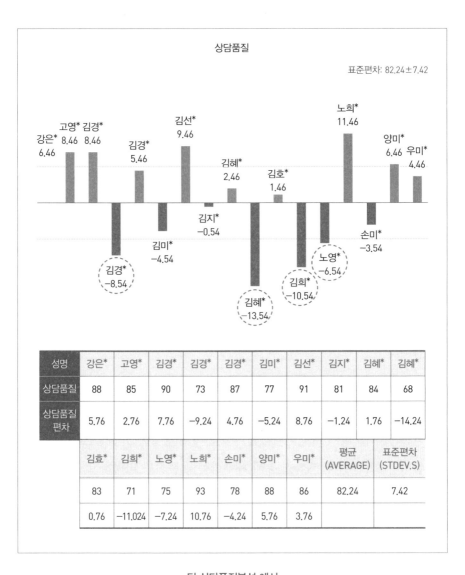

팀 상담품질분석 예시

이외에 센터 분석의 경우 무작위로 평가콜을 확보하여 센터 전체의 상담품질 현황을 분석합니다. 무작위로 추출한 콜은 피크타임이나 또는 예상치 못한 콜 등 정형화되지 상황에서의 다양한 콜을 포함하여 예외 없이 평가를 실시하는 것이 일반적이며, 평가기준에 근거해 결과값을 산출하여 관리합니다. 다음 A~C팀의 상담품질분석 예시와 같이 팀 평균이 높다고 하여 팀 내 모든 직원의 상담품질이 우수한 것은 아니므로 추가적으로 다양한 분석을 통해 결과를 평가하는 것이 바람직합니다.

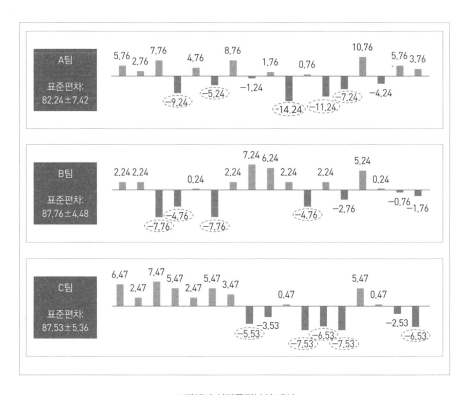

고객센터 상담품질분석 예시

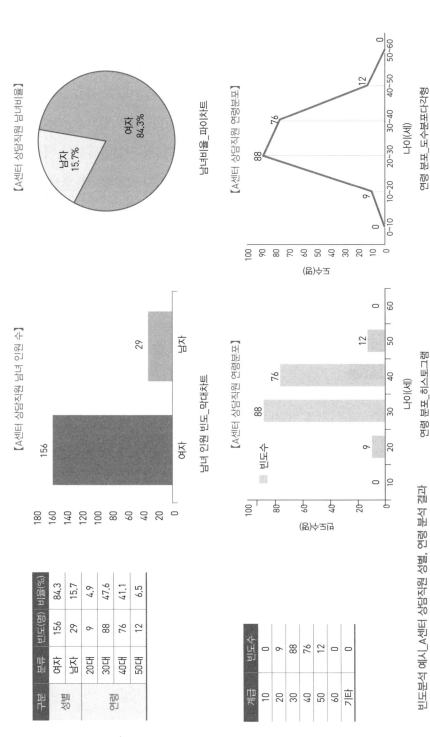

[A센터 상담직원 남녀비율]

남녀비율_파이차트

여자
84.3%

남자
15.7%

[A센터 상담직원 연령분포]

연령 분포_도수분포다각형

[A센터 상담직원 남녀 인원 수]

남녀 인원 빈도_막대차트

156

29

여자   남자

[A센터 상담직원 연령분포]

연령 분포_히스토그램

구분	분류	빈도(명)	비율(%)
성별	여자	156	84.3
	남자	29	15.7
연령	20대	9	4.9
	30대	88	47.6
	40대	76	41.1
	50대	12	6.5

계급	빈도수
10	0
20	9
30	88
40	76
50	12
60	0
기타	0

빈도분석 예시_A센터 상담직원 성별, 연령 분석 결과

다음으로 빈도분석입니다. 빈도분석은 분석하려는 데이터들이 어떠한 분포적 특성을 가지고 있는지 파악하는 데 사용합니다. 데이터의 주요 정보를 제공하는 것으로 수치와 비율로 표시합니다. 변수들의 빈도, 중심경향치, 분포도 등 변수의 개략적 특성을 살펴보는 분석법으로 남녀 비율, 문항별 점수분포, (설문지 분석 시) 인구사회학적 통계 등에 활용할 수 있습니다. A고객센터 인구통계학적 특성의 변수(성별·연령), 입사연차별 VOC접수 건수 및 접수 항목, 상담품질평가 점수 분포를 확인하고 그 변수들의 빈도분석을 예로 들어 보겠습니다.

A센터의 분석 대상자 185명의 특성을 살펴보면 성별은 여자 156명(84.3%), 남자29명(15.7%)의 분포를 보이며, 연령대는 전체 응답자 중 30대가 가장 많은 88명(47.6%), 40대 76명(41.1%), 50대 12명(6.5%), 20대 9명(4.9%) 순으로 나타났습니다.

A센터 1팀의 분석 대상자 36명의 연차별 VOC접수 건수 특성을 살펴보면 6개월 미만은 17건, 6개월 이상~1년 미만 18건, 1년 이상 13건으로 6개월 이상 1년 미만에서 가장 많은 민원이 접수된 것을 볼 수 있습니다. 그중 단순문의 21건, 불만문의 13건, 제안사항 9건, 칭찬 및 격려5건으로 단순문의에 대한 접수건이 큰 비중을 차지하는 것을 알 수 있습니다.

또한 해당 팀의 상담품질 점수 분포를 살펴보면 40~50점 1명, 50~60점 1명, 60~70점13명, 70~80점 17명, 80~90점 4명으로 대부분의 상담직원의 상담품질 점수가 60~80점대에 집중 분포되어 있

□ VOC 분석

항목	단순문의	불만문의	제안사항	칭찬,격려	계
6개월 미만	7	5	2	3	17
6개월 이상 ~ 1년 미만	9	5	3	1	18
1년 이상	5	3	4	1	13
계	21	13	9	5	48

【VOC분포_히스토그램】

발생건수

	단순문의	불만문의	제안사항	칭찬,격려	계
6개월 이상	7	5	2	3	17
1년 미만	9	5	3	1	18
1년 이상	5	3	4	1	13

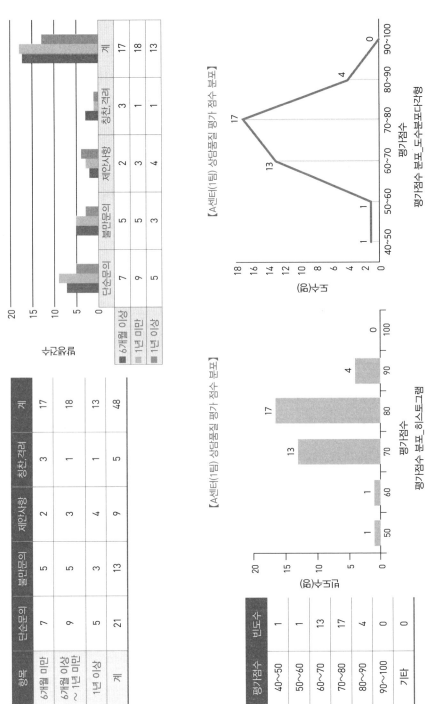

【A센터(1팀) 상품품질 평가 점수 분포】

평가점수 분포_도수분포다각형

평가점수	빈도수
40~50	1
50~60	1
60~70	13
70~80	17
80~90	4
90~100	0
기타	0

【A센터(1팀) 상품품질 평가 점수 분포】

평가점수 분포_히스토그램

빈도분석 예시| A센터(1팀) 상담직원 VOC분석, 상품품질분석 결과

는 것을 확인할 수 있습니다. 이처럼 빈도분석 결과를 도수분포표, 히스토그램, 도수분포 다각형 등으로 분석할 수 있습니다.

다음으로 상관분석입니다. 상관분석은 평균과 표준편차만으로는 알 수 없는 데이터들 간의 상호 관련성을 파악하고자 할 때 활용하는 분석 방법입니다. 예를 들어 코칭 횟수와 모니터링 점수의 관계, 입사 기간과 생산성의 관계, 교육 횟수와 VOC 접수 관계 등 변수들의 상관, 또는 연관성을 파악하고 얼마나 밀접한 상관관계가 존재하는가를 파악하는 데 유용하게 활용할 수 있습니다. 다만, 서로의 인과관계를 파악하기는 어렵다는 단점이 있습니다.

두 변수 간의 관련성은 각 케이스의 값을 (X, Y)좌표 위에 점으로 표시한 분산형 차트(산점도 그래프)를 통해 한눈에 확인할 수 있습니다. '상관계수'는 두 변수의 관련성을 수치로 표현한 것이며, −1에서 1 사이의 값으로 나타내는데 보통 1에 가까울수록 두 변수가 밀접한 관계에 있음을 의미합니다.

2. 변수 Y도 커진다.

2. 변수 Y는 작아진다.

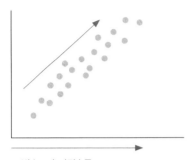

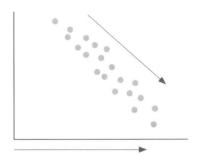

1. 변수 X가 커질수록

1. 변수 X가 커질수록

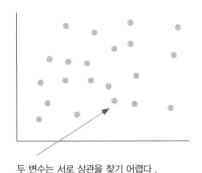

산점도에 의한 상관관계

두 변수는 서로 상관을 찾기 어렵다 .

    다음은 상관분석을 활용한 예시로 두 변수(근무 개월 수와 모니터링
점수 관계)가 얼마나 관련성이 있는지를 분석해 본 결과입니다. 예를
들어 "근무기간이 늘어날수록 모니터링 점수도 향상될 수 있을까?"에
대한 분석이라고 볼 수 있습니다. 즉, 근무 기간과 모니터링 점수에
어떠한 상관관계가 있는지를 분석한 것입니다.

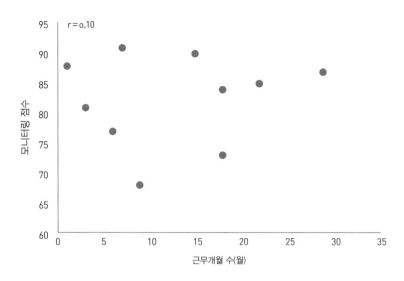

상관분석 예시_신입 근무 개월 수와 모니터링점수 관계

위 예시를 보면 상담직원 10명을 대상으로 근무기간에 대한 모니터링 점수를 분석한 결과, 근무 개월 수와 모니터링 점수 간의 상관계수가 0.10이 나왔습니다. 1에 가까울수록 두 변수의 관계가 밀접하다고 하였으므로 근무 개월 수와 모니터링 점수 사이는 서로 큰 관계가 없는 것을 알 수 있습니다. 근무기간이 늘어날수록 모니터링 점수가 올라갈 것이라고 예측했으나 그렇지 않다면 어떤 장애요인이 있었으며, 그에 따라 어떤 전략이 필요한 것일까요? 다른 분석을 실시해 보겠습니다.

다음은 상관분석을 활용하여 상담직원의 코칭 횟수와 모니터링점수가 얼마나 관련성이 있는지를 분석해 본 결과입니다.

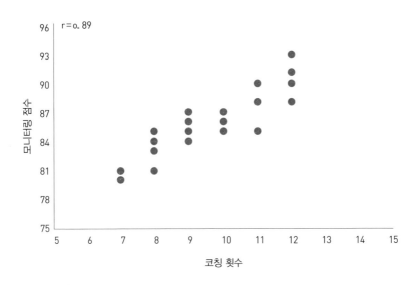

상관분석 예시_상담직원 코칭 횟수와 모니터링점수 관계

 분석 결과, 상담직원의 코칭 횟수와 모니터링 점수 간의 상관계수
가 0.89가 나왔습니다. 1에 가까울수록 두 변수의 관계가 밀접하다
고 하였으므로 코칭 횟수가 증가할수록 모니터링 점수가 높아진다는
것을 알 수 있습니다. 이러한 결과를 토대로 근무기간이 늘어난다고
하여 상담품질이 향상되는 것이 아니라는 점과 상담품질 향상을 위해
코칭이 반드시 필요하다는 결론을 도출할 수 있습니다. 이처럼 상관
분석을 통해 수집된 자료는 상담품질 향상 전략을 수립하거나 교육·
훈련 프로그램을 설계하는 데 매우 유용하게 활용됩니다.
 위의 사례와 달리 일정한 패턴을 전혀 찾을 수 없는 분산형 차트도
있습니다. 무위로 찍혀서 패턴을 그릴 수 없거나 추세도 보이지 않을
경우, 가장 쉽게 분석하는 방법은 매트릭스를 활용한 분석입니다. 매

트릭스 분석의 경우XY좌표 형식이기에 응대콜 수의 평균, 모니터링 점수의 평균을 기점으로 선을 그어서 사분면을 만들 수 있습니다. 각 사분면에 이름을 A그룹, B그룹, C그룹, D그룹으로 구분해 보겠습니다. 각 점은 해당 그룹의 직원입니다.

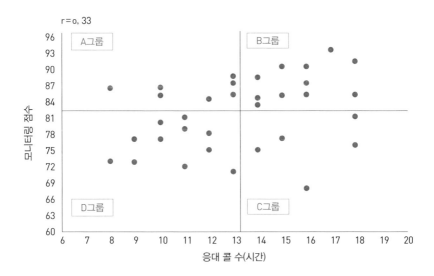

상관분석 예식_ 응대콜 수와 모니터링 점수의 관계

이를 간단히 2X2형식의 매트릭스로 구조화해 보면 상담품질분석은 물론 전략을 수립하기에 훨씬 효율적이라는 점을 직관적으로 알 수 있습니다. 각 그룹의 특성을 정의하고, 해당 그룹의 특성에 맞는 개선 전략을 수립할 수 있기 때문입니다. 이해를 돕기 위해 우선 각 그룹의 특성을 정의해 보겠습니다.

모니터링 점수	높음	A그룹	B그룹
	낮음	D그룹	C그룹
		적음	많음
		응대 콜 수	

응대콜 수와 모니터링 점수의 관계 2X2매트릭스

A그룹은 응대콜 수는 적지만, 모니터링 점수는 높습니다. 약 7명 정도가 해당 그룹에 해당되는 것으로 확인됩니다. B그룹은 응대콜 수는 많고, 모니터링 점수도 높습니다. 11명이 해당 그룹에 해당되며, 이 그룹은 응대콜 수와 모니터링 점수 모두 평균을 충족하는 우수한 그룹이라고 할 수 있습니다. C그룹은 응대콜 수는 많고, 모니터링 점수는 낮습니다. 5명이 해당하는 이 그룹은 상담품질로 인한 고객 불만 접수 발생 소지가 높은 그룹으로 분류할 수 있습니다. D그룹의 경우 응대콜 수는 적고, 모니터링 점수도 낮습니다. 11명의 직원이 해당 그룹에 포함되며, 이 그룹은 집중 관리가 필요한 대상으로 분류할 수 있습니다.

매트릭스 분석 결과를 근거로 우리가 가장 이상적으로 생각하는 그룹은 B그룹임을 직관적으로 이해할 수 있습니다. 이러한 분석을 근거로 각 그룹의 직원들을 대상으로 어떻게 하면 이상적인 그룹으로 전환시킬 수 있는지에 대해서 다양한 방안을 모색하면 됩니다.

이처럼 각기 다른 그룹의 특성을 정의하여 분석해 본다면, 집중해야 할 대상자가 정해지고 그룹별로 상담품질 향상을 위한 우선순위가 선정되어 고객센터 상담품질관리가 체계적으로 이루어질 수 있게 됩니다.

다음으로 시계열 분석입니다. 시계열 분석은 어떤 현상에 대하여 과거에서부터 현재까지 시간의 흐름에 따라 기록된 데이터를 바탕으로 미래의 변화에 대한 추세를 분석하는 방법입니다. 시간 순서대로 정렬된 데이터 속에서 의미 있는 요약과 통계 정보를 추출해 내는 과정이라고 할 수 있습니다. 시계열 자료는 연도별(Annual), 분기별(Quarterly), 월별(Monthly), 일별(Daily) 또는 시간별(Hourly) 등 시간의 경과 또는 흐름에 따라 순서대로 관측되는 자료입니다. 가까운 시점의 데이터가 더 큰 영향을 미친다는 가정으로 최소 2년 이상의 데이터로 분석하는 것이 적절합니다.

시계열 분석 예시_A센터 월별 모니터링 점수

시계열 분석의 예시를 위해 A센터의 10년간 모니터링 점수를 월별로 분석해 본 그래프입니다. 계절적 변동이 있는 그래프로, 매년 연초에 모니터링 점수가 떨어지고 연말에 점수가 상승하는 것을 볼 수 있습니다. 이렇게 결과가 도출되는 이유를 운영적인 측면에서 추정해 보니 연초에 신입 직원이 팀에 대거 투입되고, 연말이 되면 해당 인력들이 안정화됨에 따라 그래프에서 보는 바와 같은 패턴이 매년 반복된다는 것을 알 수 있습니다.

유사한 추세를 매년 반복하여 분석하다 보면 조금씩 꾸준히 상승하는 추세를 보이고 있다는 사실을 알 수 있도록 해 주는 자료입니다. 이와 같은 분석을 통해 연초에는 상담품질이 하락할 수 있는데 이는 신입 직원의 유입으로 인한 것이라는 사실을 인식한다면, 연초에 체계적인 인적자원 관리가 이루어져야 고객센터 상담품질관리가 안정적으로 유지될 수 있을 것입니다.

또 다른 자료를 살펴보겠습니다. 다음은 A센터 3개년 민원 접수 현황을 분석한 자료입니다. 분기별로 비교해 본 결과, 민원 접수건이 점차적으로 감소 추세를 보이고 있습니다. 1분기에서 2분기에 감소 추세를 보이다가 2분기 중반부에 다시 상승세를 보이는 것을 볼 수 있습니다. 그렇다면 2분기에는 3분기 상승될 것을 대비하여 VOC사전예보제를 실시하거나 불만 요소를 제거하기 위한 시스템이나 프로세스의 개선은 물론 불만고객 응대교육을 실시하거나 접수 건수가 많은 대상자에 대한 코칭 및 피드백 실시를 집중적으로 계획하는 등의 대책을 수립해 볼 수 있겠습니다.

민원 접수 현황

1분기	2분기	3분기	4분기	1분기	2분기	3분기	4분기	1분기	2분기	3분기	4분기
	20년	9년			20년	0년			20년	1년	

시계열 분석 예시_A센터 월별 모니터링 점수

시계열 분석을 통해 다양한 예측이 가능한 사례도 있는데, 예를 들어 아래 그래프와 같이 인입콜량을 분석하면 고객센터 운영에 필요한 다양한 예측이 가능합니다. 그래프를 통해 직관적으로 몇 가지 사실을 도출할 수 있는데 예를 들어 매년마다 점차적으로 인입량이 증가하고 있으며, 특히 매년 2월에 콜이 폭주하는 추세를 보이고 이후 약간의 차이는 있지만 인입콜량이 고른 수준을 보이고 있다는 사실을 알 수 있습니다. 물론 그 밖에도 이벤트적인 요소나 계절적인 요인도 고려하고 월별 이외에도 시간대별, 요일별, 일별로 분석해 보면 더욱 다양한 데이터를 확보할 수 있고 이를 통해 다양한 예측이 가능합니다.

이러한 시계열 분석을 통한 인입콜량 예측을 통해 적정인력 산정은 물론 고객센터 운영과 관련한 다양한 전략 수립이 가능합니다. 이러한 개관적인 데이터를 근거로 한 전략 수립을 통해서 한시적으로 통화품질 기준을 완화하거나 교육이나 코칭시간 조율은 물론 상담직원들의 상담역량을 향상시키기 위한 다양한 활동을 전개해 나갈 수 있습니다.

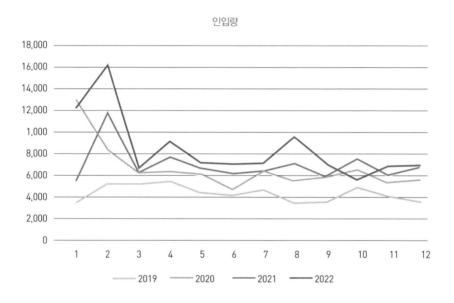

인입량

시계열 분석 예시_A센터 4개년 인입량 비교

고객센터 관리자, 상담품질 실무에 빠지다

04

상담품질분석을 통한
실적 부진자 관리 방법

고객센터에서 관리자들이 가장 힘들어하는 부분 중 하나가 업무지식과 응대 스킬 교육이 끝나고 상담업무에 투입되어 고객상담을 소화할 만한 시기에 퇴사자가 발생한다는 점일 것입니다. 직원의 입장에서 보면, 체계적이지도 않고 일방적으로 이루어지는 교육만 수료하고 나면 각개전투식으로 상담을 해야 하는 현장에서 살아남기란 쉬운 일이 아닐 것입니다. 한편, 센터 입장에서는 직원이 퇴사하면 또다시 신입 직원을 채용해서 교육을 실시해야 하고, 상담에 투입하기를 반복해야 하는 상황에서 기존 직원들의 상담품질관리를 하는 것이 정말 쉽지 않은 것이 사실입니다.

이와 함께 관리자들이 어려워하는 것이 실적 부진자 관리입니다. 고객센터 관리자 입장에서는 우수한 직원을 채용하는 것도 중요하지만, 실적 부진자를 꾸준히 체계적으로 관리하는 것이 무엇보다 중요합니다. 국내 고객센터의 실적 부진자 관리 현황을 보면, 대상자에 대한 정의도 명확하지 않을뿐더러 개개인의 정확한 실적에 대한 분석은 물론 잠재역량 분석도 없이 일괄적인 목표 부여와 방향만을 제시하는 차원에서 이루어지는 관리가 전부인 것이 현실입니다. 또한, 개인의 차이를 고려하지 않은 채 일괄적인 개선 방안을 적용하거나 개인 역량 수준에 따라 맞춤화된 교육이나 코칭이 이루어지지 않다 보니 그 효과도 미비합니다.

그렇다면 고객센터 실적 부진자를 체계적으로 관리하기 위해서는 어떻게 해야 할까요? 가장 먼저, 실적 부진자 관리의 방향성과 정의가 명확히 정립되어야 합니다. 단순히 실적이 나쁘다고 하여 실적 부진자로 분류하는 것이 아니라 개인 의지를 포함한 잠재역량과 성과를 고려하여야 합니다. 이러한 정의도 없이 무조건 실적이 나쁘다고 실적 부진자로 분류하는 것은 다양한 문제를 양산할 수 있습니다.

또한 실적 부진자는 단순히 실적이 저조한 사람들로만 한정하는 것이 아닌 상담품질이 저조하거나 고객의 불만을 야기하는 직원, 신입 직원이나 성과는 우수한데 잦은 문제를 양산하는 직원을 포함할 것인지에 대한 면밀한 검토가 필요합니다. 예를 들어 생산성 지표는 너무 좋은데 후처리도 엉망이고 응대 지침을 무시하고 통화시간을 줄이기 위해 대충 고객응대를 하거나, 충분히 소화할 수 있는 콜임에도 불구하고 무조건 이관하거나 호전환하는 직원이 있다면, 이들은 실적 부진자로 분류를 할 것인지 그냥 성과가 좋으니 넘어가야 하는 대상으로 분류할 것인지를 분명히 해야 합니다.

그리고 센터 내 정확한 지침과 관리 원칙을 공유하여 객관성과 공정성을 확보해야 합니다. 아시다시피 고객센터의 대부분을 차지하는

MZ세대들은 공평보다는 공정성에 민감하게 반응하기 때문에 추측이나 감 또는 관행이 아닌 객관적인 평가제도와 해당 상담직원의 상황에 맞는 코칭 및 피드백을 통해 직원의 역량 개선에 주력해야 합니다. 이를 위해 객관적인 데이터 분석을 통해 개선해야 하는 이유를 설명할 수 있어야 하고, 대안을 제시하려면 좀 더 구체적이어야 그들을 움직일 수 있는 동기를 제공하고 신뢰를 쌓을 수 있다는 점을 잊지 않아야 할 것입니다.

이번에는 실적 부진자의 역량 개선을 위해 데이터 분석을 통한 코칭과 피드백하는 방법에 대해 몇 가지 살펴보도록 하겠습니다.

먼저 직원 개별 목표 설정 및 관리 방법입니다. 개인차가 있는 직원들을 대상으로 센터의 성과 달성을 위해서 필요는 하지만 개선이 쉽지 않은 활동이 있다면 개선활동을 하기도 전에 관리자와 직원 모두가 지치기 마련입니다. 따라서 일괄적인 평가와 코칭 방법에서 벗어나 일정 수준의 역량에 도달하기까지 개인의 역량과 수준을 고려하여 목표를 제시하는 방법이 필요합니다. 개인의 설정된 목표에 달성할 수 있도록 지속적인 교육과 코칭을 하고, 해당 지표가 달성되는지 여부를 데이터로 관리하여 달성되었을 때 다음 항목으로 목표를 옮겨가는 방식으로 관리하는 것입니다.

먼저 C그룹에 속한 직원으로 예를 들어 설명해 보겠습니다. C그룹에 속하는 직원의 특징은 응대콜 수는 많지만 모니터링 점수가 낮다는 것을 알 수 있습니다. 모니터링 점수가 낮은 원인을 보면 예를 들어 업무 지식은 충분히 숙지가 되어 고객응대에 어려움은 없지만, 필

		A그룹	B그룹
모니터링 점수	높음	(특징 예: 낮은 업무지식, 긴 통화 시간, 미사여구 사용 多, 호응 경청 태도 우수)	(특징 예: 충분한 업무지식, 경청 호응 우수, 대안 제시 등 우수 상담)
	낮음	B그룹 (특징 예: 낮은 업무지식, 잦은 필수사항 누락, 고객 문의파악 미흡, 호응 경청 태도 미흡 등)	C그룹 (특징 예: 충분한 업무지식, 잦은 필수사항 누락, 고객 말 자름, 호응 경청 태도 미흡 등의 상담)
		적음	많음
		응대 콜 수	

응대콜 수와 모니터링 점수의 관계(특징) 2X2 매트릭스

수사항 누락이 잦고, 고객의 말을 자르거나 호응 및 경청 태도가 미흡한 것으로 나타나는 등 상담품질이 낮은 직원일 가능성이 높습니다.

이런 경우 해당 직원이나 그룹에 대해서 기존 데이터를 분석하여 품질이 낮게 평가된 원인이 무엇인지를 파악하고, 이를 해당 직원이나 그룹에게 자료 형태로 공유하거나 제시할 수 있습니다. 공유된 자료를 근거로 위에서 예로 든 부진항목 중 개선이 필요한 항목에 대해서 중요성과 시급성을 고려하여 우선순위를 정하도록 합니다.

이와 같은 과정을 통해 우선순위가 정해지면 개선할 수 있는 기한을 정합니다. 관리자는 이를 개별 코칭노트나 개선 이행점검을 통해 개선하고자 하는 목표가 중간에 흐지부지되지 않도록 일정관리는 물론 수시로 해당 개선 활동이 지속적으로 이행되는지를 점검해야 합니다. 이때 우선순위로 정한 목표나 부진한 항목의 개선이 이루어질 수 있도록 코칭 및 피드백을 집중적으로 지원해야 합니다.

이러한 과정을 통해 목표 달성 또는 개선이 이루어졌다면, 이후 2차 우선순위 항목에 집중하도록 하며 지속적으로 데이터 분석을 통해 개선 항목을 추가 또는 변경해 나갈 수 있습니다. 목표를 정하는 것도 중요하지만 이러한 목표가 제대로 이행될 수 있도록 지원하고 관리하는 것이 실질적인 부진자 관리라고 할 수 있습니다.

다음으로 평가항목에 대해 가중치를 부여하는 방법입니다. 일반적으로 고객센터에서는 평가자인 상담품질관리자와 피평가자인 상담직원들의 혼란을 최소화하기 위해서 한번 만들어진 모니터링 평가표의 평가 항목은 변경하지 않습니다. 이러한 이유로 인해 몇 년이 지나도 평가표가 보완되거나 갱신이 되지 않아 트렌드에 맞지 않거나 센터의 상황과는 괴리된 평가표를 가지고 상담품질관리가 이루어지는 경우가 많습니다.

물론 모니터링 평가 항목을 변경하거나 새로운 항목을 추가하여 평가하는 것은 평가자와 피평가자 모두에게 혼란스러운 일임은 틀림없습니다. 그러나 센터의 상황이 반영된 평가가 진행되어야 상담품질 개선을 위한 제도로서의 가치를 잃지 않을 수 있습니다. 따라서 필수적으로 안내해야 하는 항목 위주의 큰 평가 틀을 잡고 그때그때 개선이 되지 않는 혹은 개선이 시급한 항목 위주로 가중치를 부여하는 방법을 활용할 수 있습니다. 이를 통해 저하된 품질 항목을 강화하면서 평가의 유연성도 확보할 수 있습니다.

예를 들어 직전 분기 모니터링 점수 결과를 분석해 보니 정확성과 문의 파악 항목의 점수가 급격하게 하락하였고, 그로 인한 민원이 증가되었습니다. 또한, 민원을 해결하는 과정 속에서 직원의 불친절 또한 증가되었다고 가정해 보겠습니다. 이러한 결과에 따라 해당 분기에는 고객문의 파악, 정확성, 상담 기본 능력 항목 집중 개선을 위해 교육 및 코칭을 실시하고, 평가를 진행하기로 전략을 수립하였습니다.

그렇다면 위 3가지 항목에 대해서 평가 시 가중치를 부여할 수 있는데 다음 표로 예를 들어 설명하면, 고객문의 파악이 기존에 5점이었으나 가중치 3을 부여하여 15점으로, 정확성은 15점이었으나 가중치 2 부여로 30점, 상담 기본 능력은 20점이지만 가중치 2 적용으로 40점으로 평가 배점을 부여하게 됩니다. 배점이 높아진 만큼 상담직원들에게 부담이 되는 것은 사실이나 더 집중해서 상담을 할 수 있는 동기부여가 될 수 있습니다.

이처럼 매번 동일한 배점으로 평가를 진행하는 것이 아니라 분기 또는 반기 등 분석 기준을 정하고, 데이터 분석을 통하여 개선 필요 항목 선정 후 가중치를 부여하는 방법을 적용할 수 있습니다. 이러한 방법을 통해 해당 기간에 개선이 시급한 항목을 집중적으로 평가 관리함으로써 상담품질을 개선시킬 수 있습니다.

평가 항목 가중치 부여 예시

구분	항목평가	부문 가중치 평균	가중치
고객문의 파악	5	15	3
문제 해결력	10	10	1
신속성	10	5	0.5
정확성	15	30	2
상담 기본 능력	20	40	2
합계점수	60	100	1.67

다음으로 매트릭스 분석 및 활용을 통한 코칭 방법입니다. 고객센터에는 소수의 관리자가 서로 다른 역량과 의지 수준을 가진 여러 명의 팀원을 동시에 관리해야 하는 만큼 전략적으로 접근하지 않으면 개선이나 바라는 목표를 달성하기 어렵습니다. 따라서 매트릭스 형태로 상호 연관성이 있는 대상을 세분화하여 분석하고, 그 대상 그룹의 속성에 맞춰 자원과 노력을 투입하는 등의 맞춤 전략이 필요합니다.

그렇다면 매트릭스 분석을 하는 방법에 대해서 좀 더 자세히 알아보도록 하겠습니다. 우선 매트릭스 분석을 위해서는 3가지 구성요소가 필요한데 '분석할 대상', 'X축과 Y축을 결정할 속성들', 그리고 '각 축의 차원을 결정하는 기준'입니다.

'분석할 대상'은 분석을 통해 나온 결과를 두고 의사결정을 해야 할 대상을 의미하는 것으로, 아래 예시에서는 개별 직원들의 실적을 근거로 한 '상담직원 역량 진단'이 분석 대상이라고 할 수 있습니다. 그 다음으로 'X축과 Y축으로 결정할 속성들'은 의사결정을 하는 데 있어 직간접적인 영향을 미치는 중요한 변수를 의미하며 아래 메트릭스에서 X축은 생산성, Y축은 상담품질이 됩니다.

마지막으로 '각 축의 차원을 결정하는 기준'은 매트릭스 분석을 통해 분석 대상의 차원을 설정하거나 결정하는 기준이라고 할 수 있습니다. 이는 어떻게 기준을 설정하는지에 따라 분석 대상의 성격이 완전히 달라지고 의사결정의 차이가 발생하기 때문에 신중하고 세심한 결정이 필요합니다. 아래 예시의 경우 전체 평균 실적을 점선으로 나타냈으며, 이 기준은 보통 해당 조직의 평균 실적 또는 자체적으로 설정해 놓은 목표로 정하는 것이 일반적입니다.

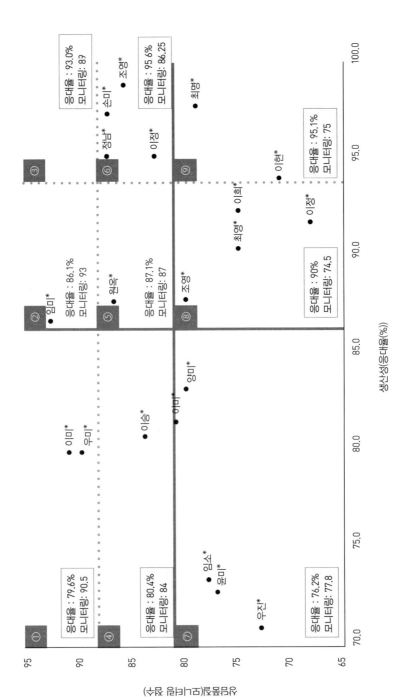

생산성과 상담품질 속성을 녹용을 활용한 9차원 매트릭스 예시

위에서 언급한 기준을 근거로 하여 매트릭스 형태로 표현하면 분석의 대상이 되는 속성에 따라 다양한 차원이 도출될 수 있습니다. 4개 차원의 설정 기준을 바꾸면 9개의 차원(3X3)으로도 도출할 수 있으며, 이러한 매트릭스의 경우 조금 더 세분화하여 분석은 물론 직관적인 관리가 가능해집니다.

이번에는 매트릭스를 활용한 개인 코칭 방법에 대해 조금 더 상세히 설명해 보겠습니다. 데이터 분석 방법에서 간략하게 언급한 것처럼 매트릭스로 그룹이 구분되면 그룹별 특성을 정의하고, 특성에 맞춰 성과를 상향평준화하기 위한 단계별 절차를 거쳐 코칭을 하는 것이 바람직합니다.

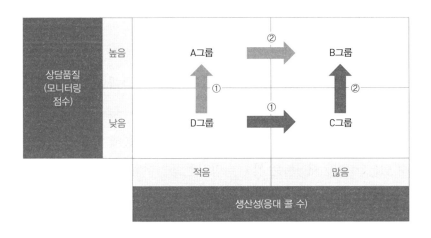

매트릭스를 활용한 성과 향상 코칭 방향 예시

A그룹은 생산성(응대콜 수)은 낮지만, 상담품질(모니터링 점수)은 높습니다. 해당 그룹을 대상으로 매트릭스 분석을 해 보면 여러 가지

사실들을 유추해 볼 수 있습니다. 예를 들자면 직원들은 업무 스킬 부족, 낮은 업무 지식으로 통화시간이 길고 이로 인해 응대콜 수는 적지만, 문의 해결을 위해 경청하는 태도, 상황 설명을 충분히 하는 등으로 인해 상담품질은 높게 나오는 그룹이라는 사실을 알 수 있습니다. 따라서 A그룹을 대상으로 코칭을 진행한다면 고객응대 시 미사여구를 줄이고 핵심 위주로 간결하게 설명하는 스킬이나 설명력을 개선시키는 훈련을 실시할 수 있습니다. 또한 업무 지식 숙지에 시간을 할애하거나 후처리 시간을 줄이기 위한 노하우를 공유하고 시간당 목표 응대콜 수를 설정하는 등의 활동을 통해 생산성을 향상시킬 수 있습니다.

B그룹의 경우 생산성(응대콜 수)은 물론 상담품질(모니터링 점수)도 모두 높은 그룹으로 두 가지 기준 모두 평균을 충족하는 우수한 그룹이라고 유추해 볼 수 있습니다. 이렇게 우수한 그룹의 경우 기대하는 적절한 목표를 제시하거나 적정한 업무량만을 부과해 최적의 결과를 낼 수 있도록 독려하는 것이 바람직합니다. 또한, 센터 내 사용할 모범 응대 스크립트 작성, 타 센터 벤치마킹 등을 통해 역량을 개발할 수 있는 기회를 제공하는 것도 바람직한 동기부여 방법이 될 수 있습니다.

C그룹은 생산성(응대콜 수)은 높고, 상담품질(모니터링 점수)은 낮은 그룹입니다. A그룹과 반대인 상황인데, 이러한 그룹의 특징을 유추해 보면 기본적인 업무 숙지와 응대 스킬로 응대 관련해서는 문제가 없지만 필수 안내 사항 누락 및 전달력에서 문제가 발생할 수 있을 것이라는 가정을 해 볼 수 있습니다. 또한 문제 해결이나 정보 제공

능력, 고객과 응대 도중 호응 및 경청이 미흡하거나 오상담 또는 오안내의 발생, 충분하지 않은 설명, 적절하지 못한 표현 등으로 인해 상담품질평가가 낮게 나오고 이로 인해 고객 불만이 자주 발생할 가능성이 높은 그룹이라는 사실을 직관적으로 알 수 있습니다. 이 그룹의 경우 상담품질이 좋지 않으므로 부진한 항목을 집중적으로 개선할 필요가 있는데, 예를 들어 오안내 및 오상담이 발생하지 않도록 하기 위해 고객응대에 필요한 지식이나 정보의 지속적인 습득. 호응이나 경청과 관련한 스킬 확보 등 부진한 항목을 개선하기 위한 구체적인 활동을 시행하도록 합니다.

마지막으로 D그룹은 생산성(응대콜 수)과 상담품질(모니터링 점수) 모두 낮은 그룹으로 흔히 실적 부진자 그룹이라고도 합니다. 고객센터에서 집중 관리가 필요한 대상으로 분류할 수 있으며, 센터의 성과 향상은 물론 상담품질 향상을 위해 가장 우선적으로 관리가 되어야 하는 그룹으로 개선을 위한 다양한 활동과 지원이 필요합니다. 먼저 생산성은 물론 상담품질을 향상시키기 위한 원인 분석과 함께 개선을 위해 필요한 활동을 지속적으로 시행하는 것이 중요합니다.

모든 것을 한꺼번에 개선하려 하기보다는 시급성과 중요성에 근거하여 우선 시급하게 개선해야 할 항목이 무엇인지 결정하고, 이를 근거로 하여 구체적인 활동을 단계적으로 시행에 옮기는 것이 필요합니다. 이후에는 개선을 위해 필요한 활동이 제대로 이행되고 있는지, 개별 인원에 맞는 목표를 설정하고 이러한 목표가 제대로 지켜지고 있는지 지속적으로 모니터링하고 동기부여를 제공하거나 교육 및 훈련을 병행하는 노력이 필요합니다.

또한 해당 그룹의 경우 성과도 낮고, 의지와 의욕도 낮은 그룹이기에 단기간의 성과(Quick win)를 이끌어 내는 등의 동기부여를 통해 할 수 있다는 자신감이나 개선에의 의지를 갖게 하는 것이 중요합니다. 무엇보다도 전적으로 직원의 선택과 역량에 맡기는 것보다 객관적인 데이터 분석을 통한 지시와 방향 제시를 통해 성과를 경험해 보게 하는 것이 중요합니다. 단시간에 성과를 이끌어 내기 위해 무리하게 다그치거나 강압적인 지시가 아닌 개선에 필요한 충분한 시간과 지원이 필요함을 잊지 않아야 합니다.

부진한 항목의 범위나 사례가 많아 글로 쓰기에는 한계가 있으나 중요한 것은 매트릭스 분석을 통해 직관적으로 우리 그룹이 어느 영역에 위치해 있는지를 파악하고 그룹에 속한 개개인의 주요 성과에 대한 현황을 파악한 후 이를 개선하기 위한 구체적인 계획을 수립하고 이를 실행에 옮기는 것입니다. 또한 실행을 통해 나온 성과를 근거로 분석하고 발생한 갭을 줄이기 위한 활동을 지속적으로 시행함으로써 개선을 기대할 수 있습니다. 중요한 것은 이러한 성과관리는 단순히 감이나 추측이 아닌 반드시 객관적인 데이터에 근거하여 개선활동을 해야 제대로 된 효과를 거둘 수 있음을 꼭 기억하시기 바랍니다.

05

상담품질분석 시 알아 두면 유용한
엑셀 함수와 도구

고객센터 상담품질 관련 데이터 분석을 위해서 통계 관련 전문 도구를 이용하면 좋겠지만, 우리가 일반적으로 사용하는 엑셀을 통해서도 상담품질과 관련한 다양한 통계 및 분석 업무를 진행할 수 있습니다. 이번 장에서는 고객센터에서 엑셀을 활용하여 상담품질과 관련한 데이터 통계 또는 분석을 하기 위해 알아 두면 유용한 용어와 함수들을 예시와 함께 설명하도록 하겠습니다.

먼저 평균값을 구하는 법에 대해 알아보겠습니다. 평균값에 대한 엑셀 함수는 =AVERAGE(데이터 범위)로 표현됩니다. 가장 많이 사용되는 중심을 구하는 척도 중 하나로 수치적으로 해석이 간단하다는 장점은 있지만, 기존 데이터보다 극단적으로 아주 크거나 반대로 아주 작은 값이 포함되면 평균값 결과에 큰 영향을 미친다는 단점이 있습니다. 예를 들어 설명해 보겠습니다. 다음은 A고객센터 A팀의 이번 달 QA점수 예시입니다.

A팀 결과			
번호	점수	번호	점수
1	89	12	88
2	91	13	85
3	90	14	82
4	92	15	82
5	90	16	90
6	91	17	85
7	85	18	81
8	82	19	82
9	85	20	83
10	85	21	84
11	82	22	20

　예시에서 보시는 바와 같이 A팀 22번 직원이 이번 달 QA점수에서 20점을 받았다고 가정해 보겠습니다. 22번 직원을 제외한 팀의 평균은 85.9인데 22번 직원의 점수가 포함됨에 따라 평균점수가 82.9점으로 3점이나 하락하게 됩니다. 이런 경우 한 직원의 점수로 인해 팀 전체 직원의 평가 결과가 낮게 나오거나 해당 직원(22번)이 비난의 대상이 되어 퇴사까지 하게 되는 일이 발생할 수 있으므로 이런 경우 중심값을 측정할 필요가 있습니다.

　다음으로 중앙값인데 엑셀 함수에서는 =MEDIAN(데이터 범위)으로 표현됩니다. '평균값'과 같이 중심값을 찾는 하나의 척도로 데이터를 크기순으로 나열했을 때 가장 가운데의 값을 찾는 것을 말합니다.

데이터의 수가 짝수 개일 경우 가운데 위치하는 두 데이터의 평균이 중앙값이 되고, 홀수 개일 경우 정중앙에 있는 해당 데이터가 중앙값이 됩니다. 평균값에 비해 극단적인 데이터가 들어와도 중심값의 변동에 민감성이 덜하다는 것이 특징입니다. 함수를 활용하여 데이터를 분석해 보면 22번의 점수를 제외한 중앙값은 85, 추가하여도 중앙값은 85로 변화가 없다는 것을 확인할 수 있습니다. '평균값'과 '중앙값'은 데이터 간 차이(Gap)가 비교적 큰 경우 도출되는 데이터의 결과가 미치는 영향에 따라 상황에 맞는 방법을 선택하여 사용하면 됩니다.

다음으로 최빈값인데 엑셀 함수에서는 =MODE.SNGL(데이터 범위)로 표현됩니다. 데이터 가운데 가장 자주 등장하는 데이터값을 말하는 것으로 집중적으로 몰려 있는 점수를 파악하는 데 도움이 됩니다. A팀의 경우 최빈값이 85점으로 22명의 직원이 해당월에 받은 점수 중에서 85점이 제일 많다는 것을 의미합니다. 센터마다 설정한 목표는 다르겠지만, 만약 해당 센터의 상담품질 QA점수 목표가 90점이었다면 대다수의 직원들이 85점을 보이고 있으므로 목표에는 약간 미달했지만 다수가 목표를 향해 가고 있음을 추측해 볼 수 있겠습니다.

다음으로 최저값인데 데이터 분석 방법의 기술평가에서 잠깐 언급되었던 함수로 데이터의 가장 작은 값인 최소값을 구해 주는 함수이며 엑셀 함수에서는 =MIN(데이터 범위)으로 표현됩니다. 상담직원들은 매월 1건 이상의 상담품질평가를 받는 경우가 대부분입니다. 평균값을 평가 결과로 산출하는 것이 보편적이지만, 상담 기술과 역량 향상을 목적으로 평균값이 아닌 상담품질평가 항목의 최저값을 구하여 그것을 실제 평가값으로 보는 경우도 있습니다. 이럴 경우 해당 함수를 사용하게 됩니다. 반대로 최고값을 구하고 싶을 때는 =MAX(데이터 범위)로 구할 수 있습니다.

이처럼 '평균값', '중심값', '최빈값', '최저값' 등을 해당 상황에 맞추어 적절하게 사용하면 간단하지만 쉽고 빠르게 원하는 분석을 수행할 수 있습니다.

다음으로 상관계수라는 것이 있는데, 상관분석에서 알아보았던 것처럼 두 변수 간의 관련성을 수치로 알아보기 위한 함수입니다. 상관계수를 구하는 엑셀 함수는 =CORREL(데이터 범위1, 데이터 범위2)이며 상관계수는 항상 −1에서 1 사이의 값을 가지므로 1에 가까울수록 두 변수의 관계는 밀접한 관계가 있다고 이해하시면 됩니다.

다음으로 순위인데 평가가 완료되면 정렬 방법을 이용하여 데이터를 정리하는 경우도 있지만, 데이터의 정렬 움직임 없이 순위를 보고 싶을 때 함수를 이용하는 경우도 있습니다. 이런 경우 해당 함수를 사용할 수 있는데, 엑셀 함수는 =RANL.EQ/AVG(대상, 범위, 오름/내림차순)를 사용할 수 있습니다.

다음으로 표준편차라는 것이 있는데, 표준편차는 데이터의 값들이 얼마나 흩어져 있는가를 나타내는 값입니다. 엑셀함수는 =STEV.S(데이터 범위)로 표현되는데 데이터가 많을 경우 데이터를 대표하는 하나의 값을 의미하며, 표준편차가 크다는 것은 어떤 상담품질평가항목이 평가할 때마다 차이가 크다는 것을 의미합니다. 이는 해당 평가항목의 점수가 높을 때는 엄청 높은데, 낮을 때는 매우 낮아서 해당 평가항목에 대한 수준을 좀처럼 가능할 수 없음을 뜻합니다. 이는 좀 더 철저한 관리가 필요하다는 것을 의미하지요. 반대로 표준편차가 작다는 것은 평가항목 점수의 진폭이 크지 않아 예상 가능한 범위 내에서 상담품질 수준이 관리되고 있음을 의미합니다.

다음으로 VLOOKUP함수인데 데이터 중에서 찾고 싶은 데이터를 찾을 때 사용되는 함수로, 상담직원들의 개별 평가 시트의 결과를 취합하여 결과를 분석할 때 유용하게 활용할 수 있습니다. 엑셀 함수에서는 =VLOOKUP ① 조회하려는 값, ② 값을 조회하려는 범위, ③ 반환할 값이 들어 있는 열 번호, ④ 정확한 일치(0/FALSE) 또는 유사한 일치(1/TURE)로 표현됩니다. (서식 복사 시 ②의 경우 키보드 'F4' 버튼을 눌러 고정값으로 설정을 바꾸어 줍니다.)

아래의 예시로 살펴보면, =VLOOKUP(①C8, ②$C$2:$F$4, ③4, ④0)을 입력하였더니 주예*의 2월 올바른 언어표현 평가 점수값인 5점이 찾아지게 되었습니다. 다른 시트에 있는 데이터도 찾을 수 있으므로 일일이 추출해야 하는 불필요한 단순 업무를 줄일 수 있어 업무를 효율적으로 처리할 수 있도록 도와줍니다.

SUM	▼	:	× ✓ fx	=VLOOKUP(C8,$C$2:$F$4,4,0)		

A	B	C	D	E	F	G
	2월	성명	전달력	경청	올바른 언어표현	음성
	1	주예*	3.00	3.00	5.00	2.00
	2	박은*	3.00	3.00	7.00	3.00
	3	주성*	0.00	3.00	10.00	3.00

NO	성명	1월 올바른 언어표현	2월 올바른 언어표현	➡	2월 올바른 언어표현
1	주예*	10.00	=VLOOKUP(C8,$C$2:$F$4,4,0)		5.00
2	박은*	7.00			
3	주성*	10.00			

VLOOKUP함수 예시

마지막으로 스파크 라인을 활용하여 추세를 표기하는 방법입니다. 데이터를 분석하여 그래프로 보고서를 작성하면 가장 이상적이지만, 그렇지 않고도 간단한 추세선만으로도 가시적으로 변화를 파악할 수 있는 것이 엑셀 내 '스파크 라인'입니다. 스파크 라인은 '삽입-스파크 라인'에서 메뉴를 선택하여 이용할 수 있습니다.

스파크 라인 예시

성명	1월	2월	3월	월별
A	92.5	80	97	
김선*	95	95	97	
고영*	90	100	96.7	
김경*	92.5	990	98	
강은*	95	87.5	99	

06

고객센터 상담품질 보고서
제대로 작성하기

　고객센터 상담품질 보고서 작성은 조직 체계와 상황에 따라 내용과 구성상 차이가 있을 수 있지만, 일반적으로 상담품질 보고서는 주기적으로 보고되어야 하며 공식적인 문서이므로 객관적이고 구체적이어야 합니다. 고객센터 상담품질 결과보고서는 일간(Daily), 주간(Weekly), 월간(Monthly), 분기(Quarterly), 연간(Yearly) 단위로 보고가 이루어지는 곳도 있지만 월간 단위로 이루어지는 것이 가장 일반적입니다.

　고객센터 상담품질 보고서 주요 구성 및 내용은 고객센터의 규모나 상황에 다르지만 다음과 같이 크게 5가지로 구성됩니다. 먼저 보고서 앞장에는 반드시 핵심요약 장표(Executive summary)를 작성하여 보고받는 사람이 상담품질과 관련한 상황을 빠르게 파악할 수 있도록 하거나 의사결정을 하는 데 도움을 줄 수 있는 내용을 포함하여 보고하는 것이 바람직합니다. 보고받는 사람 입장에서는 늘 시간이 부족하거나 바빠서 모든 보고서를 꼼꼼히 리뷰하는 것이 어려운 경우가 많은데, 이를 대비해 쉽고 빠르게 이해할 수 있도록 핵심요약 장표를 추가하면 보고활동이 효율적으로 이루어질 수 있습니다.

핵심요약 장표는 한마디로 보고를 받는 자에게 "바쁘시면 이 한 장만 보시면 됩니다."라는 말로 규정지을 수 있습니다. 따라서 미사여구보다는 핵심 위주의 단어와 표현으로 요약하여 전달하고자 하는 내용을 정리하면 됩니다.

고객센터 상담품질 보고서 구성

구성	주요 내용
핵심요약	• 결론 중심의 전반적인 핵심 요약 • 의사결정에 영향을 미치는 시사점, 제안점 제시
결과 및 분석	• 주요 실적 현황 및 평가 결과(센터, 팀별, 항목별, 개인별) • 결과 비교 분석(전월 대비, 목표 대비, 팀간, 연차 별 비교 등 유의미한 데이터) • 원인 분석 및 개선 과제도출, 전월 개선과제 이행점검 결과 • 코칭 결과(개인, 팀, C-player, 민원 접수자, 특별 대상자 등) • 상담품질 관련 활동 결과(캠페인, 프로모션, 이벤트 등) • 상담품질 개선을 위한 활동 리뷰(문제점이나 개선안 등)
활동계획 수립	• 익월 상담품질 운영계획 수립(평가, 코칭, 프로모션 등 활동) • 익월 교육 운영계획(일정, 프로그램 및 세부 사항) • 기타 상담품질 관련 활동 계획
특이점 및 제안사항	• 상담품질 운영 계획 및 활동 관련 제안사항 • 센터 특이사항 및 인력 관련 특이사항 등 전반적인 상담품질 영향 관련 이슈 전달
별첨	• 모니터링 평가점수 데이터 • 항목, 부문별 분석 결과(개인별/팀별 외) • 교육, 코칭 결과 등

상담품질 보고서를 포함한 모든 보고서는 연역적으로 작성하는 것이 바람직한데, 핵심요약 장표가 바로 연역적인 보고서 전개 방식의 대표적인 예라고 할 수 있습니다. 즉, 전달하고자 하는 내용의 핵심을 먼저 장표에 반영하고 본문에서는 이에 대한 구체적인 현황이나 사실 또는 데이터를 통해 전달하고자 하는 내용의 객관성을 뒷받침하는 것이죠.

보고서의 성격에 따라 다르지만, 전달하고자 하는 내용을 중심으로 핵심 위주로 요약 및 정리하거나 상담품질과 관련한 이슈가 있을 경우 해당 이슈를 해결할 수 있는 방법이나 대안이 있다면 이를 요약 장표에 담아내는 것도 좋습니다. 예를 들어 상담품질과 관련된 현황 보고서를 작성한다면 상담품질 관련 해당월의 현황이나 주요 추진과제, 상담품질평가 결과 및 주요 시사점, 향후 추진계획을 요약하여 장표에 반영할 수 있습니다. 핵심요약 장표를 작성한 이후의 장표는 대부분 핵심요약 장표에서 언급한 내용을 뒷받침할 수 있는 자료라고 생각하시면 됩니다.

상담품질 활동 결과 및 분석 영역에서는 상담품질 관련 현황이 포함되는데, 종합 상담품질평가 결과나 평가항목별 진단 결과는 물론 부진 사유나 업무 부문별 점수 구간별 분석이나 분석 결과를 통한 개선과제 이행점검 결과를 반영하기도 합니다. 주로 상담품질과 관련된 현황을 다루는 영역이기 때문에 고객센터 시스템에서 나오는 데이터를 활용하는 경우가 많습니다. 이러한 데이터를 활용하여 분석하거나 통계를 내서 전체 현황은 물론 상담품질과 관련된 항목별 추이를 보고서에 반영하기도 합니다.

- 통화품질 평가 현황

인바운드		88.3	1월	2월	3월	4월	5월	6월	7월	8월	9월	10월	11월	12월	평균
단순	목표	89.3	85.0	86.2	86.2	86.2	87.9	89.7	91.5	91.5	91.5	93.3	91.5	91.5	89.3
	현황		82.3	85.3	86.9										84.8
	달성률		96.8%	99.0%	100.8%										94.9%
특수	목표	87.3	84.0	85.0	86.0	86.5	86.9	87.3	87.8	88.2	88.6	89.0	89.0	89.0	87.3
	현황		83.9	85.4	87.7										85.7
	달성률		99.9%	100.5%	102.0%										98.2%

아웃바운드		91.5	1월	2월	3월	4월	5월	6월	7월	8월	9월	10월	11월	12월	평균
해지방어	목표	91.5	91.5	91.5	91.5	91.5	91.5	91.5	91.5	91.5	91.5	91.5	91.5	91.5	91.5
	현황		91.3	92.2	93.8										92.4
	달성률		99.7%	100.7%	102.6%										101.0%
해피콜	목표	91.5	91.5	91.5	91.5	91.5	91.5	91.5	91.5	91.5	91.5	91.5	91.5	91.5	91.5
	현황		90.0	93.1	91.2										91.4
	달성률		98.4%	101.8%	99.7%										99.9%

- 3월 평가 기준

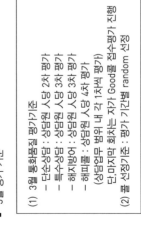

(1) 3월 통화품질 평가기준
 - 단순상담 : 상담원 人당 2차 평가
 - 특수상담 : 상담원 人당 3차 평가
 - 해지방어 : 상담원 人당 3차 평가
 - 해피콜 : 상담원 人당 4차 평가
 (상담업무 범위 내 각 1차씩 평가)
 단, 마지막 회차는 자가 Good콜 점수평가 진행
(2) 콜 선정기준 : 평가 기간별 random 선정

- 전월 대비 평가현황

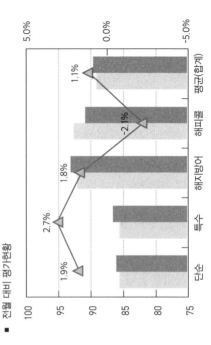

고객센터 상담품질 보고서 샘플

또한 모니터링 결과 중대한 오상담이나 오안내 등 상담품질에 영향을 줄 수 있는 사례와 발생 건수를 집계하고 이를 추이로 나타내는 것도 보고서에 반영할 수 있습니다. 이외에도 모니터링 평가 결과 지속적으로 개선되지 않아 잠재적으로 고객불만을 야기시킬 수 있는 요소는 무엇인지 파악하여 개선이 시급한 항목을 정하고, 이를 개선할 수 있는 구체적인 방안으로는 무엇이 있는지 세부계획안을 보고서에 반영할 수도 있습니다. 보통 다음 그림과 같이 부진한 항목이 있다면 표준편차가 심하게 발생하는 항목을 매트릭스로 표현한 다음, 이와 같이 부진한 원인에 대한 분석과 함께 구체적으로 개선하기 위한 방안을 마련합니다.

위 예시에서는 부진항목별 원인분석이 아니라 개괄적인 내용만을 다루었는데, 실제 보고서에서는 부진항목별 원인분석이 이루어져야 합니다. 예를 들어 고객무시, 응대 도중 개입(말 자름, 말 겹침 등), 공감이나 경청, 고객 수준에 맞는 설명 부족 등이 부진하다면 그 원인을 구체적으로 분석해야 한다는 것이죠. 그리고 이를 개선하기 위한 방안과 함께 세부계획안을 마련해야 합니다.

이외에도 상담품질 보고서에는 다음 달 상담품질 활동과 관련한 내용을 반영하기도 합니다. 주로 상담품질 개선활동 및 예정된 활동계획을 반영하는데, 구체적으로 교육이나 훈련 관련 세부 일정이나 부진한 항목에 대한 개선 계획 등을 포함합니다.

다음으로 기타 특이사항이나 제안 및 요청사항을 보고서에 반영하는 경우도 있습니다. 예를 들어 평가항목이나 평가기준은 물론 배점

구분	첫인사/소속/이름	목적안내	고객확인	공감대형성	니즈파악	경청태도	호응표현	적극성	전문지식	해결책제시	응대skill(화술)	사후처리종결멘트	추가문의	끝인사	평균
2월	100.0%	100.0%	100.0%	85.7%	66.7%	85.7%	75.0%	96.4%	100.0%	100.0%	82.1%	100.0%	57.1%	92.9%	85.3%
3월	100.0%	100.0%	93.8%	87.5%	72.9%	83.3%	71.9%	96.9%	100.0%	97.3%	90.6%	100.0%	68.8%	100.0%	86.9%
편차	0.0	0.0	25.0	22.4	18.1	32.2	25.6	12.5	0.0	10.7	20.2	0.0	47.9	0.0	5.8
증감율	0.0%	0.0%	-6.3%	2.1%	9.4%	-2.8%	-4.2%	0.5%	0.0%	-2.7%	10.3%	0.0%	20.3%	7.7%	1.9%

상담품질 개선시급 항목별 계획

자료품질,비표준 항목 중 투자(시간 및 노력)대비 효과가 큰 항목을 우선적으로 진행하며 아래와 같이 세부 계획을 수립하여 개선함

구분	추가적인 설명	호응표현
원인분석	1차 평가 시 누락 건 多 부주의함이 주요 원인	대체적으로 호응은 적극적이나, 다양성 부족 상황에 따른 호응 부족
목표	75%달성	80%달성
진행일정	1차/2차 평가 전	전문상담 간담회 시
세부계획안	1) 평가 전 추가설명에 대한 개별 및 전체 미니 교정 2) 평균 미만자에 대해 모니터 부족tip 제공	1) 상황별 응대 map 전제제공 2) 호응에 대한 중요성 언급

자료품질 / 비표준 · 추가적인 설명

QA점수 — 경청태도, 호응표현, 니즈파악, 공감대형성, 고객확인, 응대skill, 적극성, 해결책 제시, 사후처리 종결멘트, 전문지식 첫인사, 끝인사

상품품질 개선 시급 항목 분석과 개선방안

비중이 변경될 경우, 의사결정이 필요하면 이를 이슈로 제기할 수 있습니다. 당연히 변경해야 하는 이유와 현황 그리고 구체적인 방법이나 내용을 포함해야 합니다.

일반적으로 별첨(Appendix)에는 본문에 포함되지 않지만 본문 내용과 관련한 구체적인 데이터나 근거가 되는 자료를 반영합니다. 본문 내용과 관련하여 제시할 자료의 양이 너무 많아서 이를 본문에 반영하기 곤란할 경우 별첨자료를 활용합니다. 예를 들어 특정월의 모니터링 평가 결과와 추이를 분석한 보고서를 쓴다고 하면, 모니터링 평가 결과와 추이 분석을 위해 필요한 세부적인 내용(평가항목별 점수나 팀별 세부 항목점수 등)까지 포함할 경우 본문에 불필요한 자료가 많아져서 보고서 내용의 흐름을 방해할 수도 있으므로 이럴 경우에는 별첨을 활용하는 것이 바람직합니다.

마지막으로 상담품질 보고서를 포함하여 보고서를 작성할 때 몇 가지 고려해야 할 사항들을 정리하도록 하겠습니다. 보고서를 작성할 때는 단순히 현황이나 문제점만 나열하는 것이 아니라 이유와 근거를 토대로 해결책이 제시되어야 합니다. 데이터나 자료를 나열하는 데 그치는 것이 아닌, 쉬운 설명과 논리적 구조로 연결된 보고서를 작성하기 위해서는 구조적인 짜임새를 갖추어야 합니다. 보고서는 보고하는 사람의 퍼스널 브랜드와 같은 것이라고 할 수 있습니다. 보고서만 보고도 누가 작성했는지를 알 수 있기 때문에 자신만의 성격이나 특성이 잘 드러나는 것이 바로 보고서라는 것이죠.

다음으로 보고서를 작성할 때는 보고 내용의 초점을 보고하는 사람이 아닌 보고받는 사람의 입장에 맞추어야 한다는 사실을 인지하셔야 합니다. 보고받는 자가 누구인지 먼저 파악해야 하는데, 센터장인지 아니면 유관 부서 직원인지를 파악하여 피보고자의 입장과 욕구에 맞춰 결과를 정리하고 그들이 이해할 수 있는 언어를 사용하는 것이 바람직합니다.

또한 분석 과정에서 예상치 못한 다른 분석 결과가 도출될 수 있으므로 분석 목적을 수시로 상기하고 재확인하도록 하여야 합니다. 분석 과정보다 결과를 중심으로 전달하는 것이 중요하다는 사실과 귀납적인 전개보다는 결론을 먼저 밝히고 그다음 그 결론을 내리게 된 과정이나 데이터 또는 자료를 논리적으로 전개해 나갈 수 있어야 한다는 점을 꼭 기억하시기 바랍니다.

다음으로 보고서 작성 시에는 간결하고 명확한 메시지를 전달해야 합니다. 알맹이 없는 내용을 가지고 보고서를 작성하는 것은 한마디로 쓰레기를 양산해 내는 것과 같습니다. 보고서를 통해 전달하고자 하는 내용이 구체적이어야 보고받는 사람 입장에서 이해가 빠르고 어떤 의사결정을 해야 할지 명확해집니다. 또한 문장이 길어지면 길어질수록 이해하기 어렵습니다. 그뿐만 아니라 미사여구나 너무 긴 문장을 활용하거나, 핵심 내용과는 무관한 내용이 많으면 많을수록 보고받는 사람 입장에서는 혼란스러울 수밖에 없습니다. 따라서 핵심 내용을 위주로 전달하고 해당 근거를 구체적으로 제시함으로써 높은 전달력을 기대할 수 있습니다.

전달하고자 하는 내용은 간단한데 너무 많은 장표를 만들어 보고서를 작성하는 것은 의사결정을 어렵게 할 뿐만 아니라 효율성을 떨어뜨리는 주요 원인으로 작용한다는 사실을 기억해야 합니다. 따라서 내용 전달에 지장이 없는 단어나 불필요한 수식어는 지양하고, 핵심 위주의 간결한 표현이나 단어 위주로 작성하는 것이 바람직합니다. 그리고 모호한 표현, 비유 표현 등은 정보를 중심으로 하는 보고서에는 맞지 않으므로 지양해야 합니다.

다음으로 보고서를 작성할 때는 적절한 시각화 방법 활용합니다. 과도한 텍스트는 전달력을 저하시키는 주요 원인으로 작용합니다. 따라서 적절한 차트나 도형을 활용하여 가독성을 높이는 것이 좋습니다. 데이터를 시각화하는 것은 전달하고자 하는 내용이 복잡하거나 데이터 안에 숨겨진 인사이트를 발견하는 데 도움을 주며, 무엇보다 복잡한 데이터를 직관적으로 이해할 수 있도록 돕습니다. 이를 통해 보고받는 사람 입장에서 빠르게 쉽게 보고자가 전달하고자 하는 내용을 파악할 수 있고, 무엇보다 의사결정을 빠르게 할 수 있도록 도움을 줍니다.

시각화는 보통 표나 차트 또는 누적 막대그래프, 선 차트 및 면적 차트 등 다양한 도구를 활용할 수 있습니다. 예를 들어 항목 간 비교 시에는 막대그래프를, 시계열은 실선을, 분포는 히스토그램을, 각 그룹이나 개별 직원의 성과 분석은 매트릭스를 활용하는 것이 좋으며 변수 간 관계는 산점도 등을 활용하는 것이 좋습니다.

마지막으로 보고서는 사실에 근거한 자료를 바탕으로 작성해야 합니다. 보고서를 추측으로 작성한다면 그것이 과연 보고서일까요? 추측이나 추상적인 내용이 반영된 보고서는 이미 보고서로서의 기능을 상실했다고 보아야 할 것입니다. 구체적인 사실에 근거하여 현황이나 실태를 파악하고 문제점 및 요인을 분석한 후 이를 근거로 평가 또는 구체적인 대안을 제시하는 것이 바로 보고서라고 할 수 있는 것입니다.

따라서 보고서 작성 시 데이터 분석은 충분한 자료를 수집 후 객관적인 자료를 통해 사실에 근거해서 작성해야 합니다. 수치 데이터의 경우 혹시 오류는 없는지 충분히 확인한 후에 분석을 진행합니다. 자료 수집 후 필요한 내용 발췌 시 자료의 출처가 객관적인지 파악하고, 즉시 출처를 기입하는 것이 바람직합니다.

07

고객센터에서 이루어지는
피드백의 방향성

고객센터에서 이루어지는 피드백은 몇 가지 방향성을 가지고 움직이는 것이 바람직합니다. 일반적으로 피드백의 방향 중 가장 기본적인 것은 바로 지속적인 성과관리 추구와 직원의 참여를 유도하는 것입니다. 고객센터의 경우 다른 조직과는 달리 많은 사람들이 모여 근무하는 것이 일반적인 형태인 만큼 직원들의 참여를 유도하고 이들이 조직의 비전이나 목표를 달성할 수 있도록 하는 데 목적을 두고 이루어져야 합니다. 개인의 역량을 향상시키는 것도 중요하지만 역량 향상을 기반으로 개별 직원의 성과를 체계적으로 관리하고 유지하도록 하는 데 초점을 맞춰야 합니다.

또한 서비스 업무의 특성을 고려한 역량 향상에 초점을 맞춰 피드백을 진행해야 합니다. 아시다시피 서비스 업무는 직원의 전문적인 역량에 따라 차이가 크게 나타납니다. 흔히 기업에서 제공하는 상품이나 서비스는 직원의 전문성이 밑바탕이 되어야 다른 기업과는 다른 차별화된 서비스가 제공될 수 있다는 의미입니다. 위에서 언급한 조직의 성과관리와 함께 직원의 역량을 향상시키는 데 있어 중요한 것은 자사의 서비스 아이덴티티(Identity)에 맞는 목표 달성과 개선을 위한 피드백 능력 발휘가 병행되어야 한다는 것입니다.

이를 위해 직원 개개인의 업무 스타일이나 강점을 발견하고 개발시키기 위해 피드백이 체계적으로 이루어져야 하며 직원의 내재된 잠재능력을 이끌어 내고 발휘하도록 하는 것이 올바른 방향성이라고 할 수 있습니다.

인공지능기술의 여파로 인해 고객 서비스 중 많은 부분이 셀프서비스화된다고 하더라도 결국 서비스를 제공하는 것은 사람이라는 사실을 이해하신다면 피드백이라는 것도 결국 고객센터의 직원 역량을 향상시키는 방향으로 이루어져야 한다는 사실에 동의하시리라 생각됩니다.

비교적 쉽고 단순 반복적인 업무의 경우 인공지능기술을 이용한 시스템이 해결함에 따라 직접적인 접촉을 통한 고객서비스의 비중은 점점 줄어든다고 하더라도 고객의 요구는 갈수록 까다롭고 복잡해져 가고 있습니다. 따라서 이러한 고객의 복잡한 요구를 해결하기 위해서는 결국 직원의 역량을 향상시키는 것이 조직 입장에서는 매우 중요한 일인 것입니다. 예전처럼 정해진 답을 기계처럼 읊어 대는 것만으로는 고객을 만족시킬 수 없습니다.

셀프서비스의 비중이 그만큼 늘어난다는 것은 반대로 고객서비스를 제공하는 직원들의 역량이 그만큼 중요하다는 것을 의미하는 것입니다. 따라서 피드백의 방향성은 이러한 직원들의 역량을 향상시키는 것은 물론 조직의 성과를 향상시키고 최종적으로 조직의 비전과 목표를 달성하는 방향으로 이루어져야 하는 것이라고 할 수 있습니다.

08

효과적인 피드백을 위해
갖추어야 할 조건

고객센터에서 제대로 된 피드백이 이루어지기 위해 필요한 조건과 주요 지침은 물론 체계적이고 효과적인 피드백을 위해 준비해야 할 것들에 대해서 알아보도록 하겠습니다. 다음은 고객센터에서 코칭의 주체적인 역할을 수행하는 관리자들이 기본적으로 알고 있어야 할 내용을 정리한 것입니다.

위에서 설명한 것처럼 다양한 문제점을 가지고 있는 고객센터에 있어서 코칭이 제대로 이루어지려면 어떻게 해야 할까요? 적어도 고객센터에서 효과적인 코칭이 이루어지기 위해서는 아래와 같은 3가지 조건이 전제되어야 합니다.

먼저 직원과 관리자와의 상호 신뢰가 우선입니다. 고객센터는 많은 사람들이 모여서 근무하는 조직이니만큼 다양한 접촉을 통해 직원 간의 커뮤니케이션이 원활히 이루어져야 합니다. 사실 코칭이라는 것이 상대방에 대한 신뢰가 없다면 이루어지기 힘들잖아요? 따라서 효과적인 피드백이 이루어지려면 직원들 간의 관계 개선이 선행되어야 합니다. 특히 고객센터의 경우 여초 현상이 두드러지는 조직인 만큼 신뢰가 밑바탕이 되지 않으면 직원들의 자발적인 행동을 이끌어 내기 어렵습니다.

그리고 무엇보다 중요한 것은 조직 구성원들과의 커뮤니케이션이 원활하고 조직이 활성화되어 있다면 피드백을 통해서 고객센터가 안고 있는 다양한 문제들이 개선될 수 있다는 사실을 제대로 인식하는 것입니다.

두 번째로 공감대 형성을 위한 분위기와 환경이 마련되어야 합니다. 고객센터에서 피드백이 실질적인 효과를 거두려면 명확한 지침과 해결책을 제시할 수 있다는 공감대가 형성되어야 합니다. 또한 개인이 가진 능력이나 가능성을 최대한 발휘하게끔 하고 성과 향상을 위한 구체적인 행동 변화를 이끌어 내는 행위라는 공감대 형성이 중요합니다. 이러한 공감대 형성을 통해서 조직 내부의 문제를 개선시킬 수 있다는 확신을 직원들에게 심어 줘야 합니다.

그뿐만 아니라 피드백을 통한 변화가 자연스럽게 구현될 수 있도록 물리적·정서적 환경을 마련해 주어야 합니다. 아시다시피 피드백의 경우 단기간에 효과가 나타나는 것이 아닌 만큼 피드백이 일상화될 수 있도록 해야 하며 피드백을 통해서 바람직한 결과가 도출되었다면 이러한 결과 및 사례를 반드시 직원들과 공유해야 합니다.

세 번째로 커뮤니케이션 및 리더십 역량을 갖춘 리더가 필요합니다. 아시다시피 고객센터처럼 많은 사람들이 모여 근무하는 조직에서 피드백이 제대로 효과를 거두려면 관리자의 역할이 무엇보다도 중요합니다. 특히 MZ세대에 대한 이해가 부족한 상태에서 피드백이 이루어지다 보면 역으로 피드백이나 멘토링의 부작용이 심하게 나타날 수 있습니다.

이러한 이유로 인해 관리자들이 제대로 피드백에 필요한 기본적인 지식과 스킬은 확보되어 있는지 여부와 이들의 행동 변화가 직원들의 행동에 영향을 미친다는 사실을 인식하는 것이 매우 중요합니다. 실제로 업무 역량은 기본이고 커뮤니케이션 능력이 뛰어난 사람이 피드백하는 것만으로도 직원들에게는 힘이 되고 열정을 불러일으킬 수 있기 때문입니다.

따라서 피드백 업무에는 직원들에게 있어 역할모델이 되어야 하는 사람이 투입되어야 합니다. 반대의 경우라면 피드백이 제대로 이루어질 리 만무합니다. 또한 직원들에게도 모범이 되고 신뢰를 줄 수 있는 사람이 관리자가 되어야 하고 무엇보다 직원들의 감정 관리는 물론 관계를 맺는 능력과 감성역량이 뛰어난 관리자가 투입되어야 합니다.

09

피드백 역량 향상을 위한
지침 7가지

목표 달성을 위한 피드백을 위해서는 업무를 진행하는 과정에서 적절한 행동지침과 함께 문제해결을 위한 지식과 정보는 물론 자신의 경험을 공유하려는 노력도 병행되어야 합니다. 의사결정이 복잡하고 업무를 수행하는 과정에서 해야 할 일들이 갈수록 늘어나는 상황에서 직원들에게 피드백은 관리자의 필수역량이라고 할 수 있습니다.

현장에서 관리자들이 피드백 향상을 위한 지켜야 할 몇 가지 지침에 대해서 알아보도록 하겠습니다.

먼저 피드백을 진행할 때 관리자 자신이 무조건 이끌고 문제의 답을 주어야 한다는 강박에서 벗어나야 합니다. 물론 지식이나 정보와 같은 것은 자신이 아는 범위 내에서 전달하거나 전수하는 것은 바람직하지만 문제해결에 있어서는 충분히 시간을 두고 소통함으로써 스스로 답을 찾을 수 있도록 경청하고 건설적인 피드백이 이루어질 수 있도록 하는 것이 바람직합니다. 현장에 있다 보면 이와 같은 일들이 쉽지 않은 일이지만 피드백의 목적인 역량 향상을 위해서 이와 같은 태도는 매우 중요합니다.

직원들을 대상으로 구체적인 피드백을 주는 것도 좋지만 방향성을 제시하는 선에서 이루어지는 피드백이 향후 더 뛰어난 능력을 발휘한다는 연구 결과도 있다는 사실을 이해하시고 본인이 무조건 답을 제시해야 한다는 강박에서 벗어나는 것이 좋습니다.

다음으로 피드백은 정신교육이 아니고 마구잡이식 지적이 아니라는 점을 인식하셨으면 합니다. 현장에서 이루어지는 피드백이라는 것은 수평적인 관계에서보다는 수직적인 관계에서 일방적으로 이루어지는 경우가 많습니다. 중요한 것은 직원의 잠재적인 역량을 이끌어 내고 이들이 수동적이 아닌 능동적으로 자신의 역량을 이끌어 낼 수 있도록 하는 것이 목표이므로 일방적인 지시나 전달보다는 충분한 소통은 물론 칭찬과 인정을 병행하여 피드백이 이루어져야 합니다.

정신교육이나 지적 중심으로 피드백이 진행되면 직원 입장에서는 반발하거나 아예 마음을 닫고 수동적으로 따르는 경향을 보일 가능성이 높습니다. 아시다시피 피드백이 목표가 되어서는 안 되고 오직 개선을 이끌어 내는 데 초점을 맞춰 진행해야 한다는 사실을 꼭 기억하셔야 합니다.

또한 피드백을 하기 전에 반드시 직원들이 일하는 방식이나 태도를 객관적인 입장에서 관찰하고 이를 기록한 후 개선점을 파악한 후 이들과 커뮤니케이션하는 것이 바람직합니다. 피드백의 경우 돌려서 우회적으로 말하는 것이 아닌 직접적으로 말하거나 구체적으로 어떤 행동을 직접적으로 취할 것을 요청하는 직접적인 커뮤니케이션도 상황에 따라 필요합니다. 이때 일방적인 지시가 아닌 직원의 의견도 충분히 들어보면서 필요한 경우 직접적으로 요청을 하는 형태로 전달을 하면 반발이나 수동적인 반응을 최소화할 수 있습니다.

또한 주관적인 의견이나 주장을 피력하는 자기중심적인 피드백이 되지 않도록 하기 위해 자신을 통제할 수 있어야 합니다. 따라서 피드백을 할 경우 객관적인 사실에 근거해 상대를 비난하거나 비판하지 않는 중립적인 언어를 사용하는 것이 바람직합니다. 이와 관련해서 다시 한번 관리자의 추측이나 주관적인 생각을 전달하는 것은 가급적 지양해야 한다는 점을 말씀드립니다.

또한 피드백을 진행할 경우 절대 직원들의 인격이나 성격을 대상으로 하는 것이 아니라 '태도와 행동'에 국한하여 시행해야 합니다. 고객센터의 관리자들이 흔히 저지르는 실수들 중에 하나는 문제해결을 위해 필요한 '태도와 행동'을 중심으로 피드백이 이루어져야 하는데 직원들의 인격이나 성격을 걸고 넘어지는 경우가 많다는 것입니다. 자신의 의지대로 되지 않거나 태도와 행동에 대한 잘못을 개선하려는 의도를 가지고 이루어지는 피드백이 직원의 인격이나 성격을 결부시켜 진행된다면 당연히 효과를 거두기 어렵습니다.

피드백은 직원의 상황에 초점을 맞춰 구체적이고 시의적절하게 이루어져야 합니다. 여기서 구체적이라는 것은 문제를 해결하는 데 있어 개선이 필요한 행동을 정확히 이해시키라는 것을 의미합니다. 이때 위에서 언급한 구체적인 사실과 상황을 연결시키고 주변 동료들의 피드백을 병행하면 좋은 효과를 거둘 수 있습니다. 여기서 구체적인 피드백과 일반적인 피드백에 대한 구분이 필요할 것 같은데 구체적인 피드백의 경우 업무 수행능력을 향상시키지만 지침이나 방향성을 제시하는 일반적인 피드백은 직원 스스로 반성 또는 역량을 향상시키기 위한 동기부여를 제공한다는 점을 이해하시고 이 두 가지를 병행하시면 좋을 것 같습니다.

이와 함께 일관되고 지속적이며 즉각적인 피드백을 제공하여야 합니다. 우리가 어떤 문제를 개선하기 위해서 정보나 지침을 제공할 때는 잡다하게 많은 것을 제공하는 것보다는 핵심적인 사항 한두 가지를 선택해서 전달하는 것이 낫다는 점은 아시리라 생각합니다. 피드백에서도 마찬가지입니다. 직원들이 안고 있는 문제를 해결하기 위해서는 가장 핵심적이고 중요한 내용 한두 가지를 선택해서 일관되게 피드백을 진행하는 것이 바람직합니다.

아시다시피 일관된 메시지가 지속적으로 이루어지면 직원들의 태도나 행동을 변화시킬 수 있습니다. 주의할 것은 그들이 수행하는 업무 방식과 관련한 모든 것을 피드백으로 주거나 너무 과도하게 많은 정보나 지침을 주게 되면 오히려 혼선을 유발할 가능성이 높으며 의욕을 꺾는 요소로 작용할 위험성이 있다는 것입니다.

분명한 것은 피드백을 너무 자주 하게 되면 오히려 역효과가 나타날 수 있지만 지속적으로 개선이 필요한 부분에 대해서는 일관된 메시지나 다양한 방식으로 전달이 되면 효과를 거둘 수 있다는 사실은 변하지 않습니다.

지금까지 피드백을 진행할 때 중요한 지침 몇 가지를 말씀드렸습니다. 아시다시피 피드백을 진행한다고 해서 무조건 문제가 해결되거나 개선되지 않습니다. 몇 차례 강조했습니다만 관리자와 직원 사이에 신뢰가 구축되지 않은 상황에서 백날 해 봐도 제대로 된 효과를 보기 어렵습니다.

또한 과도하게 객관화되고 계량화된 데이터만을 가지고 피드백을 진행하는 것보다는 해당 직원의 행동에 적절히 개입했을 때 오히려 효과가 높게 나타난다는 사실을 기억하셨으면 합니다.

10

효과적인 피드백을 위해 준비해야 할
체크리스트

이번 장에서는 피드백을 진행하기 위해 준비해야 할 것들에 대해서 알아보도록 하겠습니다. 고객센터에서 피드백을 진행하기 전에 먼저 준비해야 할 사항들이 있습니다. 다른 것은 모르지만 적어도 피드백을 진행할 때 반드시 해야 할 질문 또는 피드백의 목적을 분명히 하기 위해 필요한 준비를 해야 합니다. 아래 내용은 피드백을 하기 전 준비해야 할 것은 무엇인지를 정리한 것입니다.

피드백 주제는 무엇인가?

↳ 예시 상담품질, 성과 향상, 고객 클레임 처리, 의욕 저하, 다른 동료와의 갈등 등

대상 직원에 대한 정보

↳ 예시 주요 수행 업무, 성격과 역량, 장점이나 구체적인 실적, 피

드백 이력 등, 이력관리카드나 기타 인사자료 참고

피드백을 진행하는 과정에서 필요한 키워드(질문)
  - **친밀감 및 신뢰 형성**
  ↳ 예시 개인 관심사, 업무 자세, 동료와의 관계, 최근 컨디션이나
의지 등

  - **현황에 대한 파악 및 확인**
  ↳ 예시 성과, 클레임, 의욕, 갈등 등 주제와 관련한 대상 직원의
생각

  - **목표 설정**
  ↳ 예시 현황을 근거로 향후 도달 방법이나 어떤 것을 중점적으로 목
표로 삼을 것인지 여부

  - **달성 방법에 대한 구체적인 결정 및 확인**
  ↳ 예시 달성하기에 어떤 방법을 생각하고 있는지, 구체적으로 어떻
게 할 것인지 여부

  - **구체적인 행동 계획 마련 및 작성**
  ↳ 예시 구체적인 시행 시기, 소요 시간 및 시기, 도움을 요청할 대
상, 요청사항 등

피드백 이후 행동을 확실히 하기 위해 확인해야 할 것들

↳ 예시 실행상황에 대한 보고, 주요 체크사항에 대한 보고, 체크한 결과 이후 활동

구체적인 행동 이후 성과 확인 사항

↳ 예시 성과, 클레임, 의욕, 갈등에 대한 변화 정도, 확인 스킬 활용 등 확인 [과거와 현재(AS-IS) 또는 향후 가능성(TO -BE)을 확인]

피드백을 통해 대상 직원이 인식하길 바라는 사항

↳ 예시 기대를 받고 있다는 사실, 자기 자신의 현황이나 개선해야 할 사항이 있다는 사실, 구체적인 달성 목표와 달성 방법, 구체적인 행동 계획

이렇게 피드백을 통한 개선 및 변화를 효과적으로 이끌어 내려면 반드시 필요한 요소들이 있습니다. 바로 관찰, 기록, 피드백의 절차를 지키는 것입니다. 이는 피드백을 진행하는 과정에서 필수적으로 이행되어야 할 요소이기도 하며 이러한 활동 등을 통해서 목표 달성 및 개선을 위한 활동을 효과적으로 이행할 수 있도록 도와주는 것이죠. 그렇다면 관찰하고 기록하고 피드백을 하기 위해서 효과적인 도구를 활용할 필요가 있는데 그 2가지를 소개하려고 합니다.

바로 피드백 이력관리카드와 자가 목표관리카드입니다. 위에서는 언급하지 않았지만 피드백을 진행하는 과정에서 관리자는 피드백 이력관리카드를 그리고 직원의 경우 자가 목표관리카드를 기록하고 관

리하는 것이 효과를 거둘 수 있습니다. 피드백 이력관리카드와 자가 목표관리카드를 예시로 들어 간단히 설명하도록 하겠습니다.

관리자 피드백 이력관리카드

피드백 이력관리카드는 관리자가 피드백을 진행하는 데 있어 필요한 내용과 해당 직원과 소통한 내용을 기록하는 카드라고 할 수 있습니다. 이력관리카드를 작성하는 법은 먼저 해당 직원의 상황에 대한 주요 내용을 기술하고 주관적인 느낌이나 생각이 아닌 통계나 객관적인 사실에 근거하여 기술하거나 설명하는 것이 일반적입니다. 그리고 해당 직원과 합의하에 변화를 통한 구체적인 목표와 달성률을 기록하는 것이죠. 아래 표를 참고하시기 바랍니다.

피드백 이력관리카드 예시

일자	상황/업무	피드백 내용	피드백 필요사항	피드백 후 합의 결과	실적변화		목표	달성율
					전월	코칭 후		
1회차	• 적극적인 클로징 부족 반론이 장황함 • 가입 권유 의지 미흡	• 클로징 화법 제시 • 우주콜 청취 • 유형별 반론 극복 제시	• 이행 여부에 대한 점검 필요(주 3회) • 트래킹 시행 필요	• 호응 부족 부분의 경우 우수사원 및 외부 우수 사례 수집 후 청취	00.0점	00.0점		
2회차	• 클로징 활용의 적극성 • 고객에 대한 공감 부족 • 여전히 가입 권유 미흡	• 상황에 맞는 동감 표현 제시 • 유형별 반론 극복 R/P, 분석 • 우수자 동석 근무(비교청취)	• 시행 내용에 대한 결과를 근거로 분석 및 트래킹 시행 필요 • 결과와 관련한 지속적인 커뮤니케이션	• 유형별 반론 극복 R/P 후 반론 멘트 적극 활용해 보기로 함				

또한 피드백 이후 합의한 내용에 대해서도 구체적으로 기술하며 피드백을 진행한 내용에 대해서 구체적으로 기술하고 이때 향후 피드백을 할 때 필요한 사항들도 함께 적어 놓으면 추가 피드백 시 도움이 될 수 있습니다. 이때 필요사항에 반영해야 할 내용은 주로 해당 직원에게 조언해야 할 것이나 개선해야 할 제언 내용을 기술하는 것이 좋습니다.

피드백을 진행한 후 직원에게 초래한 결과 또는 상황에 대한 영향을 기술하며 피드백 이후 행동에 대한 결과로 인해 실적의 변화가 있다면 별도로 기재하는 것이 추후 피드백을 제공할 때 도움이 됩니다. 이력카드에 반영해야 할 내용 이외에 구체적인 통계 데이터나 트래킹(Tracking)을 통한 실적 추이는 첨부 형태로 보관하는 것이 바람직합니다.

직원 자가 목표관리카드

관리자가 작성하는 피드백 이력관리카드도 있지만, 개선이나 성과 관련한 목표를 달성하기 위해서는 직원 스스로 자기 목표를 관리하는 도구를 활용하는 것이 필수적이라고 할 수 있습니다. 자가 목표에 대한 관리는 직원 스스로 하는 것이며 코칭이 필요한 점을 명확하게 파악해서 계획적으로 진행하는 것이 중요합니다.

직원의 자가 목표관리에 반영되어야 할 영역은 직원 스스로 하는 것이 원칙이지만 면담을 통해 관리자가 해당 양식을 마련해서 작성하도록 하는 것도 한 가지 방법이라고 할 수 있습니다. 그러나 자가 목표관리카드 작성 시 직원 스스로 우선순위를 정리하도록 하는 것이 바람직하겠죠?

직원 자가 목표관리카드

영역	상황 (AS-IS)	목표 (TO-BE)	달성방법	기간	주기/ 횟수	결과 (Output)	비고
자세 · 태도							
업무 역량 (지식, 기술, 습관)							
역할과 책임							
업무 실적(KPI)							
조직활동							

먼저 자가 목표관리 카드를 작성할 때 업무 실적은 KPI를 근거로 목표 수치와 달성 방법 그리고 기간 등을 구체화할 수 있도록 합니다. 이와 함께 자가 목표관리를 위한 이행점검에는 반드시 구체적인 목표를 정량화하는 것이 필수입니다. 예시표에서 보시는 바와 같이 개선과제를 실행에 옮기는 날짜와 구체적인 주기 또는 횟수, 시간 등을 정확히 설정합니다. 그리고 본인 스스로 개선과제를 이행했는지 여부를 수시로 확인하고 점검해야 합니다.

사실 직원의 자가 목표관리를 위한 카드라고 하지만 커뮤니케이션을 통해 관리자가 코칭하고자 하는 영역이 무엇인지 파악하기 쉬우며 무엇보다 중요한 것은 직원 개개인이 생각하는 자신의 장점이나 개선하고자 하는 점을 파악하기 용이하다는 점이 아닐까 싶습니다.

11

고객센터 MZ세대를 위한
피드백 실전 지침 10

고객센터에서 MZ세대의 비중이 70%이상을 차지하는 상황에서 그들을 대상으로 피드백을 제공하는 것은 관리자의 역할이기도 합니다. 아시다피시 피드백은 직원들의 실천을 유도하며, 행동과 변화를 이끄는 과정이라고 할 수 있습니다. 또한 피드백 스킬의 궁극적인 목표는 직원이 바람직한 결과와 성과를 만들어 내도록 돕는 것입니다. 이러한 피드백 스킬의 효과를 극대화하기 위해 '관찰'과 '기록'이 필요합니다. 이를 위해서는 먼저 직원의 상황 및 객관적인 행동, 행동 동기와 과정에 대한 관찰이 행해져야 합니다. 이후 객관적이고 사실에 근거해 상황을 기록한다면, 보다 효과적으로 업무의 진행속도와 직원의 역량, 효율성을 향상시킬 수 있습니다.

그렇지만 고객센터 관리자들은 이러한 피드백의 장점을 알고 있으면서도 이를 제대로 실행하는 것이 정말 어렵다고 합니다. 누가 가르쳐 준 것도 아니고 전문적으로 피드백하는 스킬을 배운 것도 아니기에 이를 현장에서 실천하기에는 분명 한계가 있습니다. 그래서 고객센터에서 직원들을 대상으로 피드백을 진행할 때 기본적으로 알고 있어야 할 실전 지침을 10가지로 추려서 설명을 드리고자 합니다. 적어도 아래와 같은 지침을 숙지하고 이를 실행에 옮겼을 때 피드백하는 방법을 알지 못하는 관리자라는 소리는 듣지 않을 것입니다.

먼저 피드백은 시의적절하게 이루어져야 합니다.

MZ세대에 대한 피드백은 수시로 그리고 즉각적으로 이루어져야 한다고 설명을 드렸습니다. 코칭에서 피드백을 진행할 때 가장 중요한 것은 한꺼번에 몰아서 하는 것이 아니라 즉각적이고 시의적절하게 제공함으로써 직원이 어떤 것이 옳고 그른지 곧바로 파악할 수 있도록 해야 합니다. 할 말이 있으면 즉각적으로 해야 하고 업무와 직접적으로 연관된 일에 대해서 객관적인 사실에 근거하여 피드백을 주는 것이 바람직합니다.

둘째, 구체적인 사실에 입각하여 피드백해야 합니다.

피드백은 직원이 안고 있는 문제를 해결하기 위한 스킬이므로 직원의 업무나 업무를 수행하는 과정에서 발생한 사실이나 구체적인 행동에 집중하여야 합니다. 해당 직원의 성격이나 평상시 가지고 있는 성향 또는 선입견이 아닌 실제로 해당 직원이 행동한 일에 대해서 피드백을 하는 것 입니다. 당연히 감정이나 개인에 대한 선입견이 개입되면 제대로 된 피드백이 이루어지기 힘듭니다. 또한 MZ세대를 대상으로 하는 피드백은 추상적으로 하지 말고 아주 구체적이고 명확하게 제공을 해야 합니다.

　셋째, 시각화해서 피드백해야 합니다.

　몇 차례 설명을 드렸습니다만 텍스트에 익숙한 기성세대와는 달리 MZ세대는 영상이나 시각화된 자료에 익숙합니다. 따라서 MZ세대를 대상으로 피드백을 제공할 때는 반드시 시각화된 자료를 활용하시기 바랍니다. 특히 그래프를 이용해서 피드백을 제공하면 관리자가 전달하고자 하는 내용을 직관적으로 이해하는 데 도움을 줍니다. 그뿐만 아니라 피드백이 제공하는 정보 외에도 조직 전체 또는 동료와의 데이터 비교를 통해 자신이 개선해야 하거나 좀 더 노력해야 하는 부분을 명확히 인식할 수 있습니다. 시각적인 자료를 제공하는 피드백을 통해 스스로 자극을 받거나 수행하는 업무에 대한 만족감, 성취감을 느낄 수 있습니다.

　넷째, 향상과 개선에 초점을 맞추어야 합니다.

　피드백의 본질과 바람직한 기준이 되는 것은 바로 피드백 자체가 직원들에게 도움이 되어야 한다는 것에서부터 시작됩니다. 따라서 피드백은 직원이 수행하는 업무에 대한 개선이나 설정된 목표를 달성하기 위해 필요한 부분을 찾는 데 초점을 맞추어야 합니다. 물론 부정적인 피드백도 있습니다만 그것은 바람직하지 않은 행동이나 태도를 개선하거나 줄이기 위한 것이 주목적이고 결과적으로 처벌이나 징계로 이어집니다. 그렇지만 피드백이라는 것은 문제점을 끄집어내거나 잘못을 지적하는 것이 아니라 개선해야 할 문제를 찾아서 해결책을 찾는 것에 중심을 둔다는 사실을 기억하시기 바랍니다.

다섯째, 직원의 역량에 알맞은 피드백을 제시해야 합니다.

서비스 조직에는 다양한 사람들이 모여 근무하는 곳이니만큼 천편일률적인 피드백이 아닌 앞에서 설명한 대로 의지와 역량 매트릭스를 통해 나오는 직원의 유형에 따라 알맞은 피드백을 제공할 수 있습니다. 예를 들어 의자와 역량이 모두 뛰어난 직원의 경우 간섭보다는 인정과 함께 일정 부분 자율이나 권한위임을 제공하여야 합니다. 반면 의지나 역량이 모두 부족한 직원의 경우 지시나 명령, 목표 부여와 함께 정기적으로 꼼꼼한 점검이나 모니터링이 바람직합니다. 만약 의지는 강한데 역량이 부족한 직원이라면 교육이나 훈련과 함께 달성 가능한 목표를 제시하고 직원에게 필요한 지식, 스킬, 태도가 무엇인지 관찰하고 피드백하는 것이 바람직합니다. 끝으로 의지는 약하지만 역량은 충분한 직원의 경우 격려 또는 지지와 함께 도전과 목표를 제시하는 것입니다.

여섯째, 일관성 있는 피드백을 제공합니다.

피드백을 제공할 때 관리자의 중요한 태도나 자세 중 하나는 바로 일관성을 갖는 것입니다. 같은 실수를 했음에도 불구하고 어떤 경우는 질 책을 하고 어떤 경우에는 그냥 넘어가거나 꾸짖는 방식이 다른 경우가 발생하지 않도록 해야 합니다. 주변에서 흔히 피드백을 한다면서 명확한 기준도 없이 직원에게 화풀이를 하는 경우가 있는데 이러면 직원 입장에서 차별을 받았다거나 공정하지 못하다는 생각이 들게 할 수도 있고 법리적으로 따져 봐야겠습니다만 직장 내 괴롭힘으로 인식될 수도 있습니다.

일곱째, 질책하려면 확실하게 합니다.

질책의 본질은 개선에 목적이 있으며 잘못에 대한 지적은 관리자의 고유한 권한이자 몫입니다. 그러나 질책을 할 때는 감정이 섞이면 안 되고 혼낸다는 느낌보다는 즉각적이고 합리적인 방법으로 질책하는 것이 바람직합니다. MZ세대를 질책할 때 가장 중요한 것은 바로 질책하는 맥락입니다. 밑도 끝도 없이 질책을 하는 것은 화풀이에 불과하지만 어떤 것이 잘못이고 그러한 잘못으로 인해 어떤 결과나 문제가 발생하는지 그리고 잘못이 발생했을 때 어떤 식으로 개선이나 보완을 해야 하는지를 명확하게 알려 주어야 합니다. 따끔하게 질책하지 않으면 수용이나 용인하는 것으로 착각해 동일한 잘못이나 실수가 발생할 가능성이 높습니다.

여덟째, 조언과 잔소리를 명확히 구분해서 피드백합니다.

조언과 잔소리에 대한 정의는 다양하고 상황에 따라 다르게 해석될 수 있습니다만 MZ세대 입장에서 보면 도와달라고 도움을 요청하면 조언이지만, 그러한 요청이 없는데 끼어들어 피드백이랍시고 하는 것은 잔소리입니다. 또한 모르고 있는 것을 가르쳐주거나 존중과 함께 선택권을 주고 참고하라는 식의 피드백은 조언인 반면 일방적인 지시와 명령에 입각해 강제성을 띠거나 별일도 아닌 것 같은데 일장 연설이면 100% 잔소리라고 할 수 있습니다. 피드백을 줄 때 명확하고 이해하기 쉽게 설명하는데 그 내용이 구체적이면 조언, 반대로 추상적이면서도 핵심이 없고 감정이 앞서면 잔소리라고 생각할 수 있습니다. 따라서 피드백을 줄 때는 조언과 잔소리는 명확하게 구분해서 시행하는 것이 바람직합니다.

아홉째, 관찰하고 객관적인 사실과 함께 명확하게 개선해야 할 점을 피드백합니다.

피드백은 개선이 이루어질 때 비로소 빛을 발합니다. 중요한 것은 추측이나 주관적인 느낌이 아닌 객관적인 사실에 근거해서 이루어지는 피드백이라면 더할 나위 없이 좋습니다. 추측이나 주관적인 느낌이나 생각이 되지 않으려면 직원이 근무하는 태도나 과정을 모니터링하고 점검 및 관찰해야 합니다. 이렇게 모니터링하고 관찰을 통해서 해당 직원에게 개선할 점은 무엇인지 그리고 개선을 할 때 해야 할 것과 하지 말아야 할 것들을 명확하게 알려 주는 것이 바로 피드백의 본질이라고 할 수 있습니다.

마지막으로, 기대 또는 개선이 필요한 행동에 대해서는 구체적으로 요청합니다.

피드백은 개선될 때 의미가 있습니다. 피드백을 잘해 놓고 이후에 사후관리(Follow up)가 되지 않으면 말짱 도루묵입니다. 따라서 피드백 후 관리자로서 해당 직원에게 개선해야 할 태도나 행동에 대해서 구체적으로 요청해야 합니다. 단순히 개선되어야 할 태도나 행동만을 요구하는 것이 아닌 5W1H에 입각해서 설명해 주어야 합니다. 특히

MZ세대의 경우 이 부분에 있어서는 아주 철저하게 접근해야 합니다. 나중에 "못 들었다", "제대로 이해를 못 했다"라는 말이 나오지 않을 정도로 구체적이어야 하며 이렇게 구체적으로 설명해 줘야 나중에 이행이 되지 않았을 경우 질책을 할 수 있습니다. 여러 가지 이유로 대충 설명해 주고 나중에 이행을 하지 않았을 경우 질책을 하게 되면 직원 입장에서는 "갑자기?"라는 반응이 나오고 관리자 입장에서는 폭발할 가능성이 거의 100%입니다.

　이러한 사태를 예방하기 위해서 가장 좋은 방법은 구체적인 설명 후 요청한 사항들에 대해서 해당 직원에게 다시 설명을 요구하는 것입니다. 이를 통해 명확하게 전달되었는지 여부를 확인할 수 있고 설명한 직원이 정확하게 이해하고 설명했다면 일종의 공표가 되어서 구속력은 물론 책임감이 생길 것입니다. 이렇게까지 관리자가 피드백하고 직원에게 설명을 통해 확인까지 하게 하였다면 분명 실천할 가능성이 높습니다.

CHAPTER 4

무엇이든 물어보세요

QA가 현장에서 겪는 다양한 상황과 해결지침

고객 유형에 따라 눈높이 상담 및
유연한 응대가 어려운 경우

　저희 센터는 연령대가 높은 고객들의 인입이 많습니다. 귀가 어두운 어르신들이 많다 보니 여러 번 되묻거나 확인해야 할 일이 많은데요. "주민번호 전체를 불러 주세요!"라고 하는데 자꾸 말을 못 알아듣고 되물으니 상담직원의 목소리만 점점 커지면서 같은 말만 몇 번이고 반복적으로 하다 거의 울 지경이 되었습니다. 그럴 때는 단어를 좀 바꿔서 "어르신 생년월일, 생일, 몇 년도에 태어나셨어요?" 등으로 고객의 눈높이에 맞추어 단어와 질문을 바꾸어 보라고 했지만 잘 안 된다고 합니다. 스크립트에 있는 대로만 상담하려고 하고 유연하게 변화를 주지 못하는 상담사는 어떻게 코칭해 주면 좋을까요?

✦ 이렇게 해 보세요

　문제가 있는 사항을 개선하기 위해서 코칭을 진행하는 것이 아니라 다양한 유형의 고객을 체계적으로 응대하기 위해서라도 유형별 또는 상황별 응대 교육을 정기적으로 수행하는 것이 바람직합니다. 상황별로 유연한 응대가 되지 않는 상담직원의 경우 응대지침은 물론 사전에 부여된 권한과 책임을 명확히 인지시키고 주어진 조건하에 취할 수 있는 구체적인 문제 해결에 대한 가이드라인을 주는 것이 중요합니다.

다만, 상담직원이 유연하게 응대하려면 상담직원 자신의 노력을 필요로 하는 부분이어서 한번에 고쳐지지는 않습니다. 유연한 응대를 위해서는 지식을 충분히 축적하고 있어야 함은 물론 응대 태도나 자세의 개선도 이루어져야 하고 어느 정도 상담직원의 성격과도 연결되어 있기 때문입니다.

위의 예처럼 말이 커질 경우 감정을 앞세우기보다는 고객이 고령인 점을 감안하여 목소리는 크게 하되 톤은 높이지 않아야 하고, 무엇보다 천천히 물어보고 쉬운 말로 응대하는 것이 좋다는 점을 전달하며 예시 표현까지 제공하면 좋습니다. 또한 고객이 말하는 내용을 요약하고 확인하는 과정을 거침으로써 또 다른 민원이 발생하지 않도록 하는 것이 중요하다는 점을 강조해 줍니다.

예를 들어 "고객님, 주민번호를 말씀해 주시겠습니까?"라고 얘기하거나 "고객님, 잘 들리지 않아서 도움 드리기 어렵습니다. 조금 더 크고 정확하게 주민번호 말씀해 주시면 신속하게 업무를 처리해 드리도록 하겠습니다."라고 말할 수 있도록 피드백을 주는 것이 좋습니다. 그리고 감정적인 응대는 오히려 응대시간이 늘어나고 상담직원을 정신적 · 육체적으로 힘들게 하는 요인이므로 자신을 위해서라도 현명한 응대를 하라고 피드백을 주는 것도 좋습니다.

음성, 공감 표현 미사용, 어투 등
코칭이 어렵고 개선이 쉽지 않은 경우

음성, 공감능력, 일상표현 다수 사용 등 상담 기본 역량 자체가 저조하여 개선이 쉽지 않은 경우인데, 기본 성향이 밝은 목소리 톤이 아니고 매우 차분하고 진중한 낮은 톤의 상담직원이 있습니다. 또 본인은 최대한 밝게 한 것이라고 하는데 저승사자 같은 느낌의 음성톤을 가진 상담직원, 콜을 듣고 있으며 몸과 마음마저 축축 처지는 상담직원, 기본톤이 밝고 높은 상담직원인데 본인 기분에 따라 상담톤이 자주 바뀌는 상담사도 있고요. 이처럼 음성, 공감 표현 미사용, 어투 등은 코칭하기도 어렵고 코칭을 해도 실제 개선이 쉽지 않아서 어떻게 해야 할지 잘 모르겠습니다.

◆ 이렇게 해 보세요 ◢

고객을 응대할 때 완벽한 상담직원은 소수에 불과하며 모든 상담직원은 저마다 응대를 할 때 장단점을 가지고 있습니다. 기본적으로 목소리에 문제가 있다면 충분히 보이스 트레이닝을 시키는 것이 중요합니다. 지금까지 그러한 교육을 받아 본 경험이 없는 상담직원들이라면 어떻게 목소리를 내야 하는지, 매력적이고 신뢰감을 줄 수 있는 톤을 내기 위해서는 어떻게 해야 하는지를 모르는 경우가 많습니다.

아나운서도 보이스 트레이닝만 6개월에서 1년간 수련한다고 합니다. 따라서 목소리나 톤의 문제라면 충분한 교육이나 훈련이 병행되어야 하며, 우수한 상담직원의 콜을 추출하여 청취하게 하거나 타사 모니터링을 통해 비교할 수 있도록 하는 것도 좋습니다. 상담직원의 의지나 노력 그리고 태도에 달린 문제이기는 하지만 충분한 교육 및 훈련이 제공되지 않는 상태에서는 개선이 어렵습니다.

또한 음성, 어투, 공감능력과 같이 주관이 개입될 수 있고 개선이 쉽지 않은 항목의 경우 관리자가 구두로 코칭을 진행하는 것보다 스스로 체감할 수 있는 방법을 제시해 주는 것이 효과적일 수 있습니다. 예를 들어, 부족한 부분을 잘하는 상담직원의 우수 콜을 추출하여 해당 콜 청취를 주 1회 이상으로 진행하거나, 해당 항목을 잘 수행하고 있는 고객센터에 전화하여 어떤 차이가 있는지 그리고 개선을 위해 무엇을 해야 하는지를 스스로 찾아보도록 하는 것도 좋은 방법입니다.

국내에는 상담품질 우수고객센터가 많으니 해당 고객센터에서 콜을 벤치마킹해서 차이점을 깨닫고 갭(Gap)이 발생하는 주요 원인과 이를 개선하기 위한 내부 활동이 무엇인지를 인식하고 개선을 위해 고객응대 시 지켜야 할 응대 지침을 마련하고 지속적으로 모니터링하는 것이 실질적으로 개선 효과가 큽니다. 실제 내부팀을 대상으로 연 1회 정도 모니터링 경진대회를 진행하여 우수 고객센터의 특징과 개선을 위한 주요 시사점을 도출하고 이를 고객센터 직원들과 공유하는 활동이 필요합니다.

고객과의 불필요한 사적인 대화로 인해
통화시간이 길어지는 경우

센터에는 유난히 고객의 얘기에 경청을 잘하고, 맞장구도 잘 치는 직원들이 있습니다. 공감은 너무 잘하는데 그전에 문의 파악이 됐으면 빠르게 상담을 진행해야 함에도 불구하고 불필요한 사담을 늘어놓는 경우가 있습니다. 말하는 것을 워낙 좋아하다 보니 고객이 묻지도 않은 부가 설명을 하거나, 가끔은 엉뚱한 사담을 나누다가 통화시간이 길어져 생산성이 너무 떨어지는 일이 자주 발생합니다. 말이 많은 성향은 쉽게 바뀌지 않는다고 하던데, 이런 상담직원의 경우 어떻게 코칭해 줘야 할까요?

✦ 이렇게 해 보세요

해당 직원의 경우 원래부터 말하기를 좋아하는 성격일 수도 있고, 고객을 친근하게 대하는 것이 사담을 통해 이루어진다고 믿는 부류의 직원일 수도 있습니다. 어떤 형태로든 고객을 응대할 때 말이 많은 것은 본래 의도와 상관없이 통화시간이 길어진다는 사실 외에도 상담품질에 부정적인 영향을 미칠 수밖에 없습니다. 바쁜 고객을 붙들어 놓고 개인적인 사담을 나누는 행위가 정상적이지 않을뿐더러 잘못하면 불필요한 표현이나 정보를 제공함으로써 고객불만을 야기시킬 수 있기 때문입니다.

또한 해당 직원이 불필요한 말을 많이 함으로써 생산성에도 영향을 미친다는 점과 그로 인해 불이익을 당할 수도 있다는 현실적인 지적도 명확히 해 주시는 것이 좋습니다. 이러한 경우 다른 상담직원의 콜을 함께 청취하거나, 해당 직원의 콜을 함께 청취하면서 문제가 되는 부분에 대한 개선점을 제시하고 구체적인 응대 스킬을 전달하는 것이 가장 현실적인 방법입니다.

통화 시 고객이 요구하는 사항에만 집중해서 응대해야 함은 물론 고객이 물어보는 사항에 대해서만 답변할 것, 또는 고객의 말을 요약 및 확인하는 법이나 불필요한 사담이나 응대 유형 및 사례를 공유하고 이를 지키기 위해 주의해야 할 사항들을 지침 형태로 제공한 후 이를 고객응대 시 적용할 것을 주지시켜야 합니다. 고객응대 시 주의해야 할 사항은 1:1코칭을 진행한 후 실시간 모니터링을 통해서 가이드를 해 주는 것이 좋으며, 지켜지지 않을 경우 쪽지나 메신저 등을 통해서 즉각적으로 인지할 수 있도록 관련 코멘트를 적절히 제공해야 한다는 것입니다. 다만, 코칭 시 사후 실시간 가이드를 해 줄 수 있는 상황에 대해서는 사전에 양해를 구하는 것이 좋습니다.

말이 많은 것은 성향이므로 위에서 언급한 대로 말이 많을 경우 상담품질뿐만 아니라 상담직원 자신에게도 부정적인 영향을 미칠 수 있음을 지속적으로 주지시켜 해당 행위를 지양할 수 있도록 하는 것이 바람직합니다.

고객의 의도를 파악 못하거나
말을 잘 이해하지 못하는 경우

입사한 지 3년 차 된 상담직원이지만, 고객 문의 파악을 못하거나 고객의 말을 잘 이해하지 못해서 통화가 길어지는 경우가 많습니다. 평균통화시간이 길다 보니 신입 직원보다도 콜 수가 훨씬 적게 나오고, 후처리 시간이 길어 조급해지다 보니 오히려 고객에게 화를 내거나 짜증내는 일이 반복되고 있습니다. 본인이 정확히 모르는 업무를 물으면 '상담이 길어지겠구나!'라는 판단이 들면서 오히려 고객에게 화를 내는 경우가 많습니다. 이럴 때에는 어떤 방법으로 코칭하는 것이 좋을까요?

✦ 이렇게 해 보세요

사실 해당 직원은 고객센터에서 일을 해서는 안 되는 직원인 동시에 채용을 잘못한 사례라는 생각이 듭니다. 왜냐하면 고객응대와 관련하여 기본적인 자질이나 소양을 갖추지 않았기 때문입니다. 채용 단계에서부터 제대로 된 사람을 선발하지 않고 필터링하지 않아 역량을 제대로 갖추지 못한 직원을 채용한 결과라고 생각됩니다. 그런데 이미 채용을 했으니 해당 직원이 고객센터를 그만두지 않는 이상 이러한 문제는 계속해서 발생할 수밖에 없습니다.

이런 직원들을 조우하게 되면 한숨만 나오는데, 대부분의 QA가 느끼는 비애가 아닐까 싶습니다. 이러한 직원은 니즈 파악을 꼭 해야 한다는 원론적인 수준의 코칭으로는 개선되기 어렵습니다. 먼저 고객에게 화를 내는 상황에 대해서는 해당 콜을 들려주고 역지사지로 생각해 보도록 하는 것과 이를 개선하기 위해 어떻게 하는 것이 좋을지를 스스로 생각해 볼 수 있도록 하는 것도 좋습니다. 이와 함께 니즈 파악 스킬을 제시하고 이를 반복적으로 활용할 수 있도록 주기적인 모니터링은 물론 개선 및 보완해야 하는 활동(Tracking)을 병행하는 것이 바람직합니다.

예를 들면, 다양한 유형의 콜을 동시에 청취하면서 부분적으로 멈추고 고객이 문의하는 내용이 무엇인지 함께 파악해 보는 훈련을 해 보는 것도 좋습니다. 오랜 시간 함께 문의 파악 시뮬레이션 코칭을 진행하면서 문의 파악 역량을 높일 수 있도록 하는 것인데, 의외로 효과가 좋습니다.

또한 상담 후 습관처럼 후처리를 등록하고 확인하는 상담직원들이 있는데, 이러한 직원들의 경우 습관적인 행동은 아닌지 파악해 본 후 그런 경우라면 '하루에 1번씩 후처리 줄이기'와 같은 구체적인 미션을 시행해 볼 수 있도록 협의 후 실천하도록 해 보는 것이 방법이 될 수 있습니다. 또는 후처리 시간을 줄이기 위한 이력을 남기는 법이나 멀티 태스킹(Multi-tasking)을 향상시키는 스킬 교육을 진행하는 것도 좋습니다.

또한 고객에게 감정적인 대응을 하는 경우, 응대하는 과정에서 절대 하지 말아야 할 행동이나 태도에 대한 지침도 명확히 제시해야 합니다. 특히 고객에게 감정적인 맞대응을 하거나 화를 내는 행위에 대해서는 단호한 경고와 주의를 주어야 하며, 개선되지 않을 경우 이로 인한 불이익에 대해서도 명확하게 전달해야 합니다. 해당 직원의 응대 태도는 다른 상담직원에게도 영향을 미치고 전체적으로 상담품질의 기조를 무너뜨릴 수 있기 때문입니다.

모니터링 평가 및 코칭 시
주관성이 개입될 수밖에 없는 경우

저는 QA업무를 시작한 지 1년 정도 된 새내기 QA입니다. 상담품 질평가와 코칭 시 어려운 점이 해당 상황에 대한 정답이 있으면 정말 좋겠지만 주관적인 부분이 개입될 수밖에 없다는 점인데요. 그나마 문제 해결 영역인 오안내, 오처리와 같은 정확성이나 시행 여부에 따른 평가를 근거로 한 코칭은 쉬운 반면, 서비스 능력이나 스킬과 연결된 부분은 개선 및 향상시키기 어렵다는 점입니다. 예를 들어 서비스 능력과 관련하여 코칭을 할 때 상담직원이 "다들 똑같이 고객에게 화내고 상담하지 않냐? 나만 그런 것이 아닌데 굳이 이걸로 코칭까지 받는다는 것이 자존심 상한다."며 억울함을 토로하는 경우에는 어떤 방식으로 코칭을 진행하는 것이 좋을까요?

✦ 이렇게 해 보세요

고객센터에는 다양한 유형의 직원들이 근무하고 있는데, 공정성이나 형평성과 관련해 불만을 토로하는 직원들이 의외로 많습니다. 그러나 아시다시피 고객센터에서는 주관적인 평가나 의견이 개진될 가능성이 높은 항목들이 많습니다. 따라서 주관성이 배제된 내용들을 중심으로 평가해야 하며, 누가 평가하더라도 동일한 결과가 나와야 한다는 점을 기억하셔야 합니다.

평가는 한 번으로 끝나는 것이 아니라 지속 반복적인 활동을 통해 데이터나 통계를 축적해야 합니다. 그리고 이를 근거로 명백한 기준을 마련하여 평가항목 및 기준에 대한 신뢰를 심어 주는 것이 중요합니다.

만일 위 상황처럼 다른 직원과 비교하며 억울하다고 하면, 상담품질이 우수한 직원과 해당 직원의 콜을 비교 청취하며 차이점이 무엇인지를 객관적으로 설명함으로써 상담직원의 이해를 돕는 방법이 있습니다. 또한 불친절로 인해 평가점수가 낮은 상담직원의 콜을 듣고 직접 불만을 토로하는 직원에게 평가를 해 보도록 하는 것도 좋습니다. 이러한 활동을 통해 상담직원이 본인의 문제점을 스스로 자각할 수 있도록 할 수 있습니다.

또한 QA관리자의 경우, 평가의 기준이 될 수 있는 다양한 우수 콜들을 추출하고 해당 콜처럼 상담이 진행될 수 있도록 꾸준한 코칭 및 교육을 진행해야 합니다. 코칭을 할 때도 단순히 일회성으로 끝나는 것이 아니라, 주 2~3회에 걸쳐서 지속·반복적으로 우수 콜 청취하기 미션을 제시하여 상담직원 스스로 우수한 항목을 찾아낼 수 있도록 하는 것이 좋습니다.

초보 QA가 제대로 업무를 수행하고
있는지 고민이 되는 경우

고객상담을 하다가 일하고 있는 고객센터에서 상담품질 점수와 콜 실적이 우수하다는 이유로 내부 추천을 통해 QA가 되었습니다. 그러나 문제는 상담품질 관련 교육을 전문적으로 받은 것도 아니고, 해당 분야의 역량을 향상시키기 위한 노력도 하지 않은 상태에서 고객센터 직원들을 대상으로 코칭과 교육을 진행하고 있다는 점입니다. 또한 이러한 상황에서 제가 직원들을 대상으로 진행하고 있는 교육이나 코칭 활동이 제대로 이루어지고 있는지도 정확히 모르겠다는 것입니다. 혹시 상담품질관리자로서 직원들 대상으로 코칭이나 교육을 하면서도 제대로 하고 있는 것인지 고민이 될 때 점검할 방법이 있을까요?

✦ 이렇게 해 보세요

두서없이 일하다 보면 QA업무를 잘하고 있는지 고민이 될 수밖에 없습니다. 특히 상담품질관리를 위한 체계적이고 전문적인 교육을 받지도 않은 상황에서 해당 업무를 수행한다면 많은 어려움이 있을 수밖에 없습니다. 무엇보다 교육 및 훈련 없이 자신의 경험을 토대로 관리하는 것은 한계가 있지요.

　따라서 먼저 외부기관이나 내부에서 교육 및 훈련을 받아야 하는 것이 선행되어야 하고, 이를 토대로 고객센터의 상담품질 목표에 따라 본인이 수행해야 할 일들을 정하고 이를 달성하기 위한 구체적인 계획을 수립해야 합니다. 대표적으로 계획표나 체계적인 관리를 위한 노트를 만들어 스스로 자신을 활동을 관리하는 것이죠. 계획표나 노트에는 달성하고자 하는 목표와 목표 달성을 위한 구체적인 계획(무엇을/언제까지), 목표 수행 과정에서 체크해야 할 사항들을 일 단위 또는 주 단위, 월 단위로 체크하는 것입니다.

　이외에도 목표를 방해하는 요인이나 극복할 수 있는 방법 등을 자세히 기술하고 스스로 체크하면서 관리할 수 있습니다. 고객센터에서 주요 성과지표를 관리하는 것처럼 자신의 활동에 대해서도 스스로 체크하는 과정을 통해 자신의 장단점을 파악할 수 있고, 부족한 점에 대해서 지속적인 보완과 개선을 통해 역량을 향상시킬 수 있습니다.

　내부적으로는 관련 서적을 통해 다양한 정보를 획득하거나 전문가로서의 자격증 취득 등의 노력을 시도해 볼 수 있습니다. 또, 유사한 업무를 하는 직원들끼리 자기개발 주제를 가지고 연구 세미나 또는 학습조직 활동을 하는 등의 방법도 고민해 볼 수 있습니다. 외부적으로는 모니터링(코칭, 피드백)의 질을 높일 수 있는 다양한 교육에 참석하거나 새로운 아이디어 또는 다양한 우수 사례(Best practice)를 접할 수 있는 콘퍼런스 또는 세미나 등의 활동에 참석함으로써 다양한 관점의 운영 역량을 향상시킬 수 있습니다.

고객에게 감정적으로 대응하는 직원에게
명확한 지침을 주기 힘든 경우

민원콜을 응대하는 직원들에게 고객을 응대할 때 감정적으로 흥분하면 안 된다고 하면서도 막상 '해당콜을 내가 받는다면 과연 감정적으로 대응하지 않으면서도 응대할 수 있을까?'라는 생각이 듭니다. 민원콜과 관련하여 평가표가 있는 것도 아니니, 적절하게 대응하는 법을 코칭해 주기가 정말 어렵습니다. 이럴 때는 어떻게 해야 하나요?

이렇게 해 보세요

솔직히 말하자면, 민원과 관련된 건은 대부분 조직의 체계나 절차 또는 규정에 의해서 발생하는 경우가 많습니다. 이러한 민원을 단순히 직원의 스킬로 해결하기에는 분명 한계가 있죠. 따라서 업무 해결에 대해 어떤 자세와 태도를 가지느냐가 중요하다고 할 수 있습니다.

고객센터 직원은 조직의 규정과 절차에 입각해서 제대로 된 서비스만 제공하면 되는 사람입니다. 따라서 조직의 규정과 절차에 입각해서 제대로 된 응대가 이루어질 수 있도록 명확한 지침을 주는 것이 선행되어야 하는데, 이는 관리자의 영역을 벗어나는 것도 있기 때문에 적어도 몇 가지 원칙에 입각해서 대응할 수 있도록 내부 지침을 주는 것이 바람직합니다.

아시다시피 민원콜은 워낙 다양하고 상황 및 유형에 따라 대응하는 법이 다르기 때문에 코칭하기가 쉽지 않습니다. 그렇지만 민원(악성민원 포함)과 관련하여 사전에 상담직원이 해야 할 것과 하지 말아야 할 것에 대한 명확한 지침을 제시하고, 이를 고객응대에 활용할 수 있도록 해야 합니다.

예를 들어 불만고객을 응대할 때 말을 너무 많이 하지 않고 짧게 질문하고 짧게 대답할 것, 정보 위주로 대응하고 고객과의 감정적인 맞대응은 하지 말 것, 응대 도중 필요 이상으로 굽신거리거나 저자세를 유지하지 말 것, 상황을 악화시키는 표현이나 말투는 지양할 것 등 민원 관련 콜 응대 시 주의하여야 할 사항이나 지침을 명확하게 제시하는 것입니다.

이와 함께 민원고객 유형별 응대 스크립트나 지침을 마련하고 이를 지속적으로 교육 및 훈련하는 과정이 필요합니다. 또한 악성민원이 발생하는 원인이 상담직원의 태도나 응대 자세에 있을 수 있으므로 이를 예방하기 위한 지침을 제시하고, 민원 유발이 많은 직원들을 위한 민원 응대 관련 평가표를 마련하여 모니터링하거나 평가하는 것도 대안이 될 수 있습니다. 이외에 악성민원에 대한 대응 프로세스[단서(Ending policy), 전담팀 또는 관리자 이관 등]를 마련하여 이를 현장에 적용할 수 있도록 하는 것도 중요합니다.

부진자 대상 코칭 후
개선이 이루어지는 소요 시기는?

아웃바운드 고객센터에서 근무하고 있는 QA입니다. 매일 성과 및 목표를 가지고 압박을 주는 센터 상황을 보고 있자니 하도 답답해서 질문드립니다. 말도 안 되는 목표라는 것을 잘 알지만 이러한 목표를 가지고 상담직원들을 설득하는 나 자신도 이해 못하겠고, 그러한 목표에 일단 포기부터 하고 보는 직원들을 이해 못하는 것은 아닙니다. 그럼에도 불구하고 관리자이기에 코칭을 통해서 목표를 달성하려고 하는데, 단기간에 성과를 내야 하는 조직의 특성상 코칭 후 개선이 이루어지기까지 소요되는 시기는 얼마나 될까요? 어느 정도 기한을 두고 지켜봐야 개선이 되는지 궁금합니다.

✦ 이렇게 해 보세요

코칭을 통한 개선과 관련하여 언제까지라는 것은 정해져 있지 않습니다. 상담직원의 성향이나 개선해야 할 문제점의 수준이 어느 정도인가에 따라 달라지기 때문입니다. 다만 문제를 정확히 파악한 상태에서 지속적인 개선활동이 병행될 경우 개선 시기를 줄일 수 있습니다. 코칭을 통한 개선이라는 것이 상담직원의 의지 또는 역량과도 연관이 있기 때문에 개선 시기를 가늠하는 것은 지극히 어려운 일입니다.

개선을 이루기 위해서는 코칭을 진행하는 관리자의 지속적인 관심과 코칭 방법도 중요하지만, 결국 상담직원의 의지에 따라 개선의 시기가 늘어나기도 하고 줄어들기도 하며 아무런 효과 없이 반복적인 상황이 지속되기도 합니다.

다만 위에서 설명한 대로 일정 기간 동안 개선을 위해 코칭과 모니터링을 지속적으로 병행하는 트래킹(Tracking) 기법을 활용하면 기간을 단축시킬 수 있습니다. 트래킹 기법은 어떤 문제를 개선하기 위해 해당 직원을 관찰, 기록, 피드백으로 이어지는 활동을 지속적으로 하는 것을 의미하는데, 이를 통해 개선 시기를 앞당길 수 있습니다. 이러한 방법은 실적 부진자(C-Player)를 대상으로 하는데, 근속년수나 개선해야 할 이슈의 유형에 따라 다르기는 하지만 보통 2~3주 정도의 기한을 두고 이루어지는 것이 일반적입니다.

QA 모니터링 또는 코칭 역량을 표준화하거나
전문성을 향상시켜야 하는 경우

QA의 모니터링 또는 코칭 역량을 표준화하는 방법이 있을까요? 고객센터에서 상담직원을 대상으로 모니터링을 하거나 코칭을 진행하다 보면 QA마다 코칭하고자 하는 내용이나 스킬 역량이 달라서 상담직원들에게 혼선을 주기도 하고 일관성이 부족하다는 지적을 받을 때도 있습니다. 이와 관련하여 QA모니터링은 물론 코칭 역량을 표준화하거나 전문성을 향상시키기 위한 방법으로는 무엇이 있는지 궁금합니다.

✦ 이렇게 해 보세요

상담직원들이 QA들의 모니터링 평가나 코칭 스킬 및 내용이 달라서 혼란스럽다며 이의를 제기했다면 이는 분명 큰 문제임에 틀림없습니다. 모니터링 평가의 공정성과 객관성 그리고 코칭에 대한 신뢰성의 중요성은 아무리 강조해도 지나치지 않습니다. 모니터링 평가의 공정성과 평가 항목 및 기준에 대한 객관성은 꾸준히 이의가 제기된 이슈이기도 합니다. 중요한 것은 이러한 불미스러운 일이 발생하지 않도록 사전에 평가기준에 대한 논의가 충분히 이루어져야 하며, 객관적인 기준 마련 이후에는 누가 평가를 하더라도 동일한 결과가 나올 수 있도록 훈련해야 한다는 점입니다.

이를 위해 개별 QA의 평가 결과 편차가 크지 않도록 꾸준한 관리가 필요하며, 해당 이슈에 대한 관심과 함께 관리자 간의 꾸준한 소통이 필요합니다. 이를 위해 평가기준에 대한 논의, 실제 평가에 있어서 각 QA의 갭(Gap)을 최소화하기 위한 귀높이 회의를 주기적으로 실시하거나 꾸준히 이의 제기되어 온 평가항목에 대해서는 수정 · 추가 · 보완 · 삭제를 통해 개선해야 합니다.

이외 코칭 표준화와 관련해서는 어느 정도 필요성은 인정하지만 쉽지만은 않습니다. QA마다 지식이나 정보의 깊이 또는 경험의 차이, 숙련도 및 스킬, 커뮤니케이션 방식에서 있어 차이가 존재하기 때문입니다. 따라서 표준화하기보다는 코칭을 진행할 때 주의하여야 할 사항이나 반드시 이행해야 하는 것에 대한 지침을 마련하고, 이를 제대로 이행하고 있는지 여부를 확인하는 것이 바람직합니다.

코칭과 관련해서는 사전에 코칭 역량을 향상시킬 수 있는 활동을 병행하는 것이 좋은데, 예를 들어 실질적인 코칭 방법을 습득할 수 있는 실무 중심의 코칭 스킬 모니터링 및 평가를 진행할 수 있습니다. 상담직원 1명과 QA가 역할을 분담한 뒤 코칭하는 모습을 시연하고 이를 평가하거나 모니터링하는 방법입니다.

이때 상담직원 역할을 맡은 사람이 평가를 진행하기도 하지만, 여러 관리자가 있는 자리에서 코칭에 대한 관찰 모니터링을 진행하는 것도 좋습니다. 이를 통해 코칭을 진행할 때 개선해야 할 점이나 잘한

점 또한 보완해야 할 사항들을 피드백받음으로써 코칭 역량을 향상시킬 수 있습니다.

상담직원이 정해진 멘트를
제대로 구사하지 않을 경우

공공기관 고객센터에서 근무하고 있는 QA입니다. 저희 센터에서는 고객에게 첫인사나 대기 후 또는 끝인사를 할 때 반드시 정해진 멘트를 구사하도록 되어 있습니다. 예를 들어 첫인사는 "반갑습니다. 고객님! 무엇을 도와드릴까요?"라고 하며, 고객이 대기하였을 경우 멘트는 "기다려 주셔서 감사합니다."라고 합니다. 그런데 일부 직원의 경우 "즐거운 하루 되세요. 고객님! 무엇을 도와드릴까요?"라고 하거나 대기 멘트는 "고객님, 오래 기다리시게 해서 정말 죄송합니다."로 구사하였다면 점수를 차감하여야 할까요?

✦ 이렇게 해 보세요

위 질문을 가지고 QA분들에게 물어보면 의견이 나뉩니다. 차감하는 경우도 있고, 차감하지 않고 점수로 인정해야 한다거나 또는 별도의 코멘트를 통해 원래 멘트를 사용하도록 유도하게 하는 경우가 있습니다. 그런데 이러한 멘트를 가지고도 점수를 차감한다는 것 자체가 시간 낭비이자 상담직원을 더욱더 수동적으로 만드는 요인이 되지 않을까 싶습니다. 감정노동을 고도화시키는 것은 바로 이러한 고객센터에서의 정형화되고 틀에 박힌 관리자의 평가 태도가 아닐까요?

이러한 상담품질평가기준이 국내 고객센터 상담품질 수준을 제자리에 머물게 하는 주요인이며 상담직원의 열정이나 의지를 꺾는 행위라고 생각합니다. 누가 정해 놓은 것인지는 모르겠지만 상담직원들이 로봇도 아니고 정해진 스크립트대로 말하라고 하고 그것을 지키지 않으면 점수를 차감하는 행위는 상담직원으로 하여금 더 나은 서비스를 제공하려는 의지를 원천적으로 봉쇄하려는 관리기법이라고 생각합니다. CS를 그렇게 강조하는 강사들이 강의를 할 때마다 앵무새처럼 짖어 대는 서비스 칠거지악 중 '로봇처럼 응대하지 말라'는 지침은 어떤 논리로 피해 나갈지 자못 궁금합니다. 과연 어떤 것이 고객의 체감만족도를 높일 수 있는 방법인지 고민해 보시기 바랍니다.

고객센터 업무 중 가장 핵심이 되는 것은 고객응대와 관련하여 지침을 제시함으로써 핵심에서 벗어나지 않도록 하는 것입니다. 그것이야말로 상담품질관리의 주요 목표라고 할 수 있으며 스크립트가 바로 그러한 역할을 수행하는 것입니다. 무엇인가 끊임없이 통제하고 관리하려고 하다 보니 자연스러워야 할 고객응대가 갈수록 부자연스럽고 이로 인해 고객을 불편하게 만드는 요인으로 작용하는 것입니다.

상담직원도 사람이고 한편으로는 고객이기도 합니다. 따라서 이 정도의 표현은 재량권이나 가이드라인을 주고 그 범위 내에서 표현할 수 있도록 하는 것이 좋습니다. "기다려 주셔서 감사합니다."라는 표현과 "오래 기다리시게 해서 죄송합니다."라는 표현을 들었을 때 의도만 충분히 전달되었다면 그것만으로 충분합니다. "오래 기다리시게 해서 죄송합니다."라고 표현해서 고객이 "어! 그런 표현을 쓰니 만족도가 떨어지네."라고 말하는 고객이 없다면 그 표현을 써도 무방한 것이고, 만약 그러한 표현을 쓰지 못하게 한다면 그 이유나 근거를 제시해야 합니다.

무분별한 표현이 난무할까 봐 걱정된다면 각 응대 영역마다 주의하여야 할 표현이나 단어에 대한 지침을 주고 자유롭게 활용할 수 있도록 하는 것이 바람직하지 않을까요? 제가 컨설팅을 수행한 적이 있는 고객센터에서는 센터장이 고객맞이 인사를 그날 상황에 맞게 표현하게끔 하고, 좋은 표현이 있으면 오히려 공유하거나 그러한 표현을 스스로 개발해서 활용할 수 있도록 독려하는 경우도 있었습니다. 어느 고객센터에서는 첫인사 또는 끝인사 멘트 또는 대기 양해 멘트 등과 관련하여 상담직원들에게 공모를 하여 우수한 아이디어를 낸 직원에게는 간단한 선물을 주고 해당 멘트를 고객센터에서 활용하게끔 하는 곳도 있습니다.

QA 모니터링 시 추가문의(Plus one)는 평가해야 하나요?

　보통 QA평가 시 끝인사 할 때 "더 궁금하신 사항이 있으십니까?" 와 같이 다른 문의사항이 있는지 물어보는데 이걸 꼭 해야 하는 것인가요? 우리 센터의 경우 안내하는 사항이 아닌 타 기관 사업을 문의하는데도 추가문의를 해야 하는지 또한 전화번호 같은 단순문의에도 꼭 추가문의를 해야 하는지…. 이러한 경우에는 안 했으면 좋겠다는 건의를 상담사들이 많이 하는데요. 예외사항을 만들면 이것도 저것도 해 달라 요구가 계속해서 늘어날 것 같고, 그러면 기준 잡기도 애매할 것 같아서 일단 해 달라고 공지는 했습니다만 어떻게 말하면 더 설득력이 있을까요?

　덧붙여 "단순문의로 1분 이내 종료되는 콜은 안 해도 된다."라는 생각도 해 봤는데 이런 것은 어떨까요? 콜 폭주시기에는 중단을 하고 있고 민원 상황에서는 플러스 원을 시행하고 있지는 않습니다. 다만 하반기에 외부평가를 받고 있는데 외부평가 항목에도 플러스 원을 했는지 여부가 있어서 제외하기 곤란한데 이 부분도 상담직원 입장에서는 회사 입장만 생각한다고 불만입니다.

　보통 플러스 원 또는 추가문의라고도 하는데 고객만족을 위한 방법으로 사용하기도 합니다. 부정을 먼저 말하고 긍정으로 마무리하는 아론슨 화법에 따라 긍정적으로 마무리를 하면 고객에게 긍정적인 경험을 제공할 수 있다고 보는 것이죠.

　그러나 꼭 그런 것은 아닌데 '100번째 원숭이효과(The hundredth monkey effect)'처럼 어떤 콜센터나 또는 전문가라고 자칭하는 사람들이 한 주장을 따르다 보니 여기저기서 따라 하는 것이 아닌가 하는 생각도 듭니다.

　고객경험관리차원에서는 긍정적인 효과를 제공할 수도 있지만 약간 클리셰(진부한 표현이나 상투적인 말투) 같은 느낌을 주는 표현이긴 합니다. 플러스 원을 한다고 해서 고객이 추가로 요청하는 참사(?)로 이어질 확률은 낮습니다만 하지 않는 것보다는 하는 편이 나은 것은 확실해 보입니다.

　다만 상황에 따라 활용하는 것이 바람직해 보입니다. 예를 들어 일반 상담을 하고 난 뒤에는 모르지만 고객이 바쁘거나 또는 콜센터가 콜폭주로 인해 상황이 좋지 않을 때도 있고 또는 고객불만이 심할 경우에는 아무래도 플러스 원은 사족 같은 느낌이 들지 않을까 싶습니다. 플러스 원 시행 여부는 꼭 시행해야 하는 것보다는 하지 않는 것보다는 나은 플러스알파의 개념으로 보시면 될 것 같습니다. 정해야 한다면 상황을 설정 및 제시 후에 할 수 있도록 하는 것이 좋을 듯싶습니다.

　다만 개인적으로 영혼도 없는 플러스 원을 강제하는 것은 옳지 않다고 생각합니다. 개인적으로 우리나라 콜센터는 고객응대와 관련하여 전체적으로 과도한 느낌이 든다고 생각합니다. 정리하자면 상황이나 조건을 주고 시행을 할 수 있도록 하되 플러스알파 개념으로 이해하는 것이 좋을 것 같습니다.

　다만 플러스 원이라는 것이 통화시간과 같은 양(Quantity)의 문제가 아니라 질(Quality)의 문제라면 'X분 내 종료되는 콜을 대상으로 한다'는 것은 좀 아닌 듯싶네요. 그런데 무엇보다 답이 나와 있는 게 외부평가라는 것이 혹시 KSQI나 KS CQI인가요? 그렇다면 플러스 원을 해야 하는 것 아닌가요?

　저 개인적으로 서비스 품질을 왜곡하고 변질시키며 상담직원의 육체와 영혼을 탈탈 터는 외부평가 기관의 평가기준을 좋아하지 않는데 외부평가에서는 플러스 원을 평가항목으로 삼고 있기 때문에 해야 하지 않을까 싶네요. 센터장이나 윗사람들 KPI가 외부평가와 연동되기 때문에 울며 겨자 먹기식으로 해야 하는 상황이라고 생각됩니다. 고약하지만 어쩔 수 없이 받아들여야 하는 상황이 있습니다. 외부평가 기관의 간섭(?)에서 자유로운 곳이라면 비교적 융통성 있게 대처할 수 있는데 직접적으로 영향을 받는 곳이라면 본인의 의지와 상관없이 불필요한 사항도 상담직원을 달래 가며 시행해야 하는 곳이 바로 우리나라 콜센터입니다.

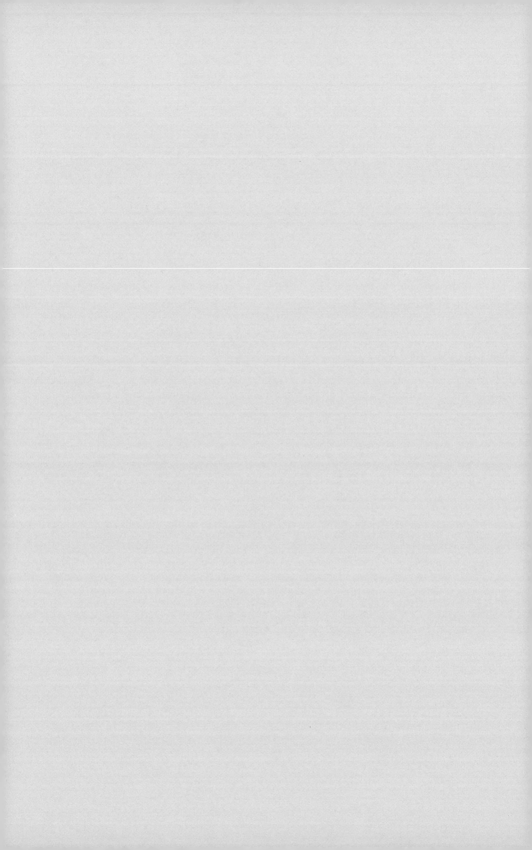